DIE REIHE
Archivbilder

GROSSE KREISSTADT
GLAUCHAU

Am 31. Juli 2008 hatte Oberbürgermeister Karl-Otto Stetter (rechts) den letzten Arbeitstag seiner 18-jährigen Amtszeit als Stadtoberhaupt. Im Foyer des Ratssaales fand am Nachmittag die feierliche Verabschiedung statt. Vertreter der Wirtschaft, der Industrie sowie von Vereinen und Institutionen, Amtskollegen aus der Region und aus Bürstadt, Stadträte und Mitarbeiter der Stadtverwaltung waren erschienen. Dr. Peter Dresler (links) würdigte – als „Vorgänger des Nachfolgers, als Nachfolger des Vorgängers" – in einer kurzen Ansprache Stetters Verdienste in den vergangenen 18 Jahren. Am 1. August 2008 fand an gleicher Stelle der Empfang des neuen Oberbürgermeisters Dr. Peter Dresler statt. Wiederum waren zahlreiche Vertreter von Wirtschaft und Gesellschaft erschienen, um Glückwünsche zu überbringen.

DIE REIHE
Archivbilder

GROSSE KREISSTADT
GLAUCHAU

Werner Haueisen

SUTTON
VERLAG

Im Jahr 2008 standen die Bürger von Glauchau bei der anstehenden Wahl des Stadtoberhauptes vor einer wichtigen Entscheidung. Gunnar Heerdegen (am Rednerpult), Dr. Peter Dresler (Mitte) und Karl-Otto Stetter kandidierten für das Amt des Oberbürgermeisters und stellten sich am 30. Mai im Gasthof „Grüner Baum" den Fragen der Wähler.

Sutton Verlag GmbH
Hochheimer Straße 59
99094 Erfurt
www.suttonverlag.de

Copyright © Sutton Verlag, 2011
ISBN: 978-3-86680-883-6
Druck: Books on Demand GmbH, Norderstedt, Deutschland

Inhaltsverzeichnis

Danksagung

Nach dem Erfolg der bisherigen Bildbände durfte ich erneut feststellen, dass die „Archivbilder" von unserer Stadt die Glauchauer immer wieder ermuntern, in ihren Unterlagen, Fotoalben sowie Postkartensammlungen Aufnahmen zu finden, die in den bisher veröffentlichten Büchern über Glauchau noch nicht gezeigt worden sind. Der nächste Schritt führt dann oft zu mir, in der Absicht, mir die Bilder zur Reproduktion für kurze Zeit zu leihen. Beim Betrachten dieser Bilder sowie meiner eigenen Postkarten- und Fotosammlung erwuchs der Gedanke, ein weiteres Buch, das siebente, mit Abbildungen über Glauchau zusammenzustellen.

Deshalb gilt mein herzlichster Dank allen Bürgern, die mir mit Gesprächen und dem Ausleihen von Postkarten und Fotos geholfen haben. Ich bedanke mich bei R. Adler; A.M. Curcio, E. Eckhardt; K. Franke; B. Flehmig; E. Fritzsche; A. Grau; H. Herling; Frau Held; E. Hager; H. Illmann; D. Jütersonke; H. Krems; G. Keil, F. Leipziger; H. Ludwig; A. Lochmann; U. Müller; Ch. Metzeroth; R. Meinhardt; V. Nötzold; R. Polster; M. Quaas; G. Reitzenstein; W. Seidel; G. Siegel; I. Scharf; D. Schleuß, B. Schrumpf; A. Thümmler; G. Thomas; D. Täufel; W. Trömel; P. Weissbach; G. Wunderlich. Mein besonderer Dank gilt dem Direktor des Museums, Dipl. ethn. Steffen Winkler, für die Hilfe auf fachlichem Gebiet und für die Durchsicht des Manuskriptes. Auch meiner Frau Margot gilt mein Dank für die Unterstützung bei dieser Arbeit.

Etwa 500 Glauchauer folgten dem Aufruf der Glauchauer Interessengemeinschaft Handel und Gewerbe zum Wahlforum in den Gasthof „Grüner Baum". Moderator war Thomas Arlt. Es war ein Abend in fairer und sachlicher Atmosphäre.

Einleitung

Am 4. März 2010 jährte sich die erste bisher bekannte urkundliche Erwähnung Glauchaus in Form des Namens „Henric us de Gluchowe" zum 770. Mal. Was ist in dieser Zeit alles geschehen? Vieles hat die Forschung der Wissenschaftler und Freunde unserer Stadt zutage gefördert. Als Hobbyforscher heißt es, sich die Zeit zu nehmen, um diese Unterlagen Abschnitt für Abschnitt durchzuarbeiten. Weiteres Material findet man in den 1990 erschienenen Beiträgen zur Stadtgeschichte „Gluchowe/Glauchau", herausgegeben vom Museum und Kunstsammlung Schloss Hinterglauchau aus Anlass der 750-Jahr-Feier. Des Weiteren benutze ich die zur Verfügung stehenden Artikel der „Glauchauer Zeitung" sowie chronistische Unterlagen der Vereine und Betriebe. All die Unterlagen verdeutlichen, dass auch die Stadtgeschichte einem Entwicklungsprozess unterliegt, in dessen Verlauf allen Dingen und Ereignissen zeitliche Grenzen gesetzt sind. Dies in meinen Büchern zu dokumentieren, ist mein Wunsch. Ich hoffe, dass sich auch dieses Buch in die bisherigen Publikationen einfügt und erneut Erinnerungen weckt, bzw. Jüngeren und neu Hinzugezogenen den Werdegang unserer Stadt aufzeigt.

Zum Abschluss erlaube ich mir, schon heute auf das Jahr 2015 hinzuweisen, denn dann wird unsere Stadt 775 Jahre alt, das ist doch eine große Feier wert!

Am 1. August 2008 fand im Foyer des Ratssaales der Empfang des neuen Oberbürgermeisters Dr. Peter Dresler (parteilos) statt. Er nahm die Glückwünsche der Vertreter von Firmen und Vereinen, von Amtskollegen, Vertretern der Stadtverwaltung, den Stadträten und Bürgern entgegen.

Die Stadträtin Helga Scheurer (SPD) begrüßte die Gäste und beglückwünschte den neuen Oberbürgermeister Dr. Peter Dresler im Namen der Anwesenden aufs Herzlichste zu seinem Amtsantritt.

Oberbürgermeister Dr. Peter Dresler bedankte sich in einer kurzen Ansprache für all die Glückwünsche; einen besonderen Dank richtete er an die Bürgerinnen und Bürger Glauchaus, die seine Kandidatur mit ihrer Stimme unterstützt haben. Das Wahlergebnis lag bei 62,7 Prozent.

1

Ansichten von anno dazumal

Die 770 Jahre junge Stadt Glauchau liegt an einem Berghang. Den Ausgangspunkt für die Entstehung bildet die 1170/80 erbaute Burg. Sie wurde aus fortifikatorischen Gründen auf einem Bergsporn errichtet. Zu ihren Füßen bildete sich eine frühstädtische Siedlung, das Suburbium, heraus. Der unregelmäßige Straßenverlauf dokumentiert die allmähliche Entstehung dieses Suburbiums (Mittelgasse, Färberstraße, Druckergasse, Kaisergasse) und ist somit charakteristisch für frühstädtische Siedlungen. Im 19. Jahrhundert siedelten sich dann auch die Fabriken in diesem Bereich an. Vier Brücken – die von Hedrich am Wehrgarten, die Marienbrücke, die an der Wehrdigtschule und die König-Albert-Brücke – ermöglichten, die Mulde zu überqueren. Weitere sechs Brücken waren zur Überquerung des Mühlgrabens notwendig. Die Innenstadt und die Vorstädte waren planmäßige Gründungen, deren Ausbau im späten 15. Jahrhundert abgeschlossen war. Dieser Stadtteil umfasst den alten Stadtkern, wobei der saalartige Marktplatz das Herz der inneren Stadt bildet. Diese innere Stadt, inklusive der St. Georgenkirche und den beiden Schlössern, war einst von einer Stadtmauer mit drei Toren – dem Obertor, dem Mitteltor und dem Mühltor – umgeben. Aufgrund der Zergliederung des Muldenhochufers (Hain, Schlossberg, Stadtberg. Niklasberg, Gottesackerberg, Meisterberg, Scherberg) mussten die dazwischenliegenden Gründe überbrückt werden. So führt die Schlossbrücke über den Hirschgrund, die Nikolaibrücke über den Inneren Stadtgraben (Schulstraße), die Postbrücke über den Äußeren Stadtgraben (Gartenstraße) und die Scherbergbrücke über die Talstraße.

Blick zur nordwestlichen Seite des saalartigen Marktplatzes mit der Einmündung der Brüderstraße (ehemals Bäckengasse). Das Bild stammt etwa aus dem Jahre 1910.

Die Zigarrenhandlung Carl Bemme, Brüderstraße 1. Per Zeitungsinserat wurden 150 Zigarrensorten angeboten, unter denen die berühmten „Dannemann-Brasil" nicht fehlen durften. Außerdem gehörten natürlich Zigaretten, Tabak, Kautabak und Schnupftabak zum Sortiment. Der Inhaber Richard Müller konnte 1925 auf das 60-jährige Bestehen des Geschäftes verweisen.

Der Blick in die Marktstraße zeigt das Reisebüro in der Nummer 3 und ganz links das Haus Nummer 5 mit dem Friseursalon von Siegfried Rätzer. Die Aufnahme entstand um 1970.

Der „Sächsische Hof", Markstraße 13, war ein beliebtes Lokal in der Innenstadt. Einst trafen sich hier die Mitglieder des Schützenvereins.

In diesem Gasthaus, Nicolaistraße 2, wurde das beliebte „Sandlerbräu" angeboten. Der Wirt Erich Flöter konnte am 15. April 1930 das 100-jährige Bestehen dieser Schankwirtschaft feiern. Flöter empfahl in seinen Werbeannoncen die beliebten Privatfässchen mit hellem und dunklem Bier zu je 12 Litern für Familienfeiern.

Das Ehepaar Dora und Wolfgang Trömel vor seinem Geschäft in der Dr.-Dörffel-Straße, das ab 1961 unter der Bezeichnung HO „Mokka" als Spezialgeschäft für Kaffee, Kakao und Schokoladen-erzeugnisse firmierte.

Der Blick auf den Schlossplatz zeigt linker Hand das Gewerbehaus und im Hintergrund das Rathaus.

In der Schlossstraße 27 eröffnete Max Zieger im Jahre 1880 ein Konfektionsgeschäft. Am 4. Oktober 1902 übernahm Arthur Liedtke das Geschäft und führte es unter dem Namen Max Zieger Nachf. weiter. Im Erdgeschoss und in der ersten Etage befanden sich die Geschäftsräume. Arthur Liedtke bot Damenkonfektion, Wäscheartikel, Trikotagen, Gardinen, Mode- und Kurzwaren an.

Der vordere Teil des Ladens von Arthur Liedtke, wo der Chef seine Kundschaft begrüßte und je nach Kaufwunsch weiterleitete. Verließ der Kunde mit einem Päckchen das Geschäft, bedankte sich Herr Liedtke für den Einkauf. Waren die Hände leer, kam vom Chef prompt die Frage: „Hat's nicht geklappt?"

Wir helfen
Kleiderwünsche erfüllen

MARTIN
Thümmler

Herren-, Damen- und Kinder-Kleidung

Glauchau   Schloßstraße 1

Anfang 1920 zog der aus Mohlsdorf bei Greiz stammende Martin Thümmler nach Glauchau und eröffnete in der Schlossstraße 1 sein Konfektionsgeschäft. Hier erfüllte er die Kundenwünsche bis in das ausgehende Jahr 1940. Zu diesem Zeitpunkt hatte er ein Grundstück in der Quergasse erworben.

Am 18. August 1905 verlegte Robert Franke den Geschäftssitz seiner Zucker- und Pfefferkuchenbäckerei von der Kaisergasse 9 (heute Thomas-Müntzer-Gasse) in den Zwinger 18 – hier zu sehen. Sein Sortiment an Pfefferkuchen, sogenannten Pflastersteinen, Makronen und gebrannten Mandeln erfreute sich großer Beliebtheit.

Wer kennt nicht das Foto-Fachgeschäft im Zwinger 4? Es wurde 1931 von Willi Kunhardt (1891–1982) gegründet.

1959 übernahm dann seine 1932 in Glauchau geborene Tochter Gabriele Thomas das Fotohaus-Kunhardt. Sie legte 1963 die Meisterprüfung ab.

Dieses Gebäude neben dem „Gasthaus zur Börse" – Zwinger 9 – hatte Schneidermeister Oskar Härtel 1949 von Gertrud Bretschneider gekauft, um seine Werkstatt von der Grundstraße 8 hierher zu verlegen. Am 2. Mai 1967 übernahm Schneidermeister Max Quaas das Geschäft und führte es bis zum 31. Oktober 1995. Er musste aus Altersgründen schließen.

An den Zwinger grenzt der Schulplatz. Er markiert den Ausgangspunkt des inneren Stadtgrabens, der kartografisch mit der Schulstraße identisch ist. Linker Hand befindet sich heute das Berufsschulzentrum „Dr. Friedrich Dittes".

Im Erdgeschoss der Leipziger Straße 70 hatte der Tapeziermeister Rudolf Flechsig ein Dekorationsgeschäft. Gleichfalls im Erdgeschoss sowie im ersten Stock befanden sich die Verkaufsräume des Dekorateurs Paul Wirth. Er verkaufte Teppiche, Polstermöbel, Tapeten, Linoleum und Wachstuch. Im Seitengebäude befand sich das Atelier des Fotografen Karl Rösel.

In seinem neuen Grundstück in der Quergasse richtete Martin Thümmler Ende 1940 seinen Bekleidungsbetrieb ein. Sein Sohn Horst Thümmler ließ in den 1970er-Jahren einen Erweiterungsbau – hier zu sehen – errichten. In den 1980er-Jahren wurde der Betrieb enteignet, in „Jockey Modelle" umbenannt und an den VEB „Quintett-Moden" angegliedert.

Blick in den Nähsaal der Firma Thümmler in der Quergasse.

Die Belegschaft der Firma Thümmler stellte sich um 1965 im Garten hinter dem Werksgebäude in der Quergasse für den Fotografen auf.

18

In diesem Gebäude, Dr.-Friedrichs-Straße 30 (jetzt Leipziger Straße), hatte die Firma Thümmler ihr Handelsgeschäft für Herren-, Damen- und Kinderbekleidung eröffnet. Nach der Enteignung des Betriebes in den 1980er-Jahren wurden hier Geschenkartikel verkauft – man nannte es „Bunte Stube".

Die Leipziger Straße mit der Postbrücke und dem angrenzenden Hotel „Stadt Leipzig", dessen Besitzer Willy Häntzschel war.

Blickt man am Fleischergebäude (ehemals Otto Korb), Leipziger Straße 32, über das Geländer der Postbrücke nach unten und schaut in den äußeren Stadtgraben (Gartenstraße), sieht man diese plätschernde Quelle. Nach Recherchen von Fritz Resch wurde der Brunnen 1737 als Zappelborn bezeichnet, weshalb man die Gartenstraße 1740 Zappelborngraben nannte. Bekannt war sie auch als Gottesackergraben.

Das Hotel „Bayerischer Hof", Talstraße 41, an der Scherbergbrücke, gehörte 1898 Ernst Richard Seeliger. Ein Inserat im Mai 1899 informierte die Bürger, dass Gastwirt Karl Wildfeuer nach der Renovierung die Bewirtschaftung übernommen hatte. Er bot seine exquisite Küche sowie gut gepflegte Biere und Weine, u.a. Leipziger Gose, an. 1900 war das Hotel im Besitz von K. Breit's Erben (Leipzig).

Diese Häuser standen in der Mühlgrabenstraße (ehemals Bachgasse) auf dem Areal des späteren Stadtbades. Sie wurden 1895 abgerissen.

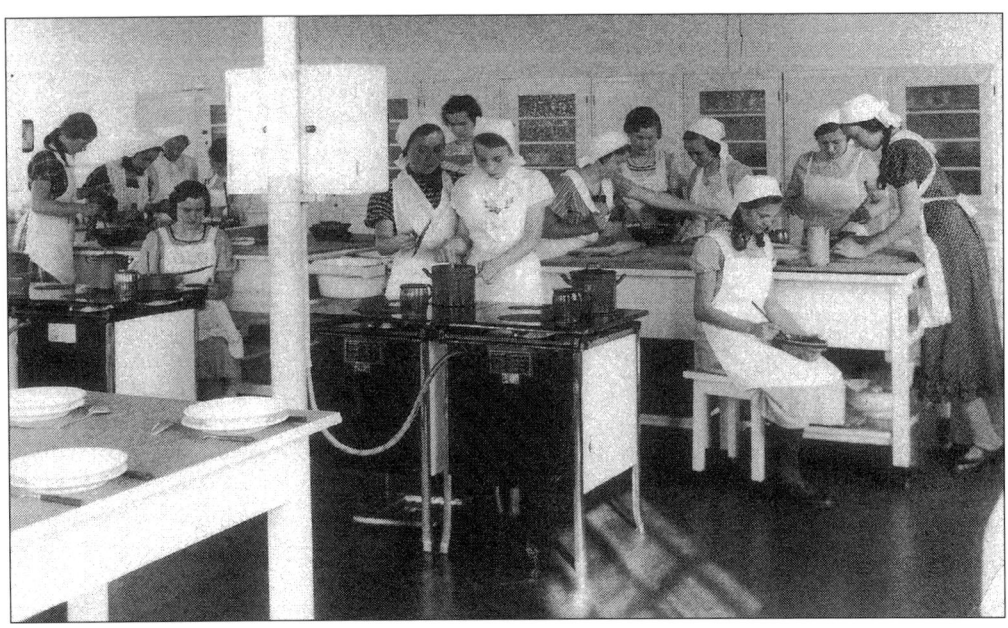

In den Jahren 1934 bis 1936 war die Haushaltsschule in einem Gebäude der Auekaserne in der Auestraße untergebracht. In der Elektroküche der Kochschule erweiterten die jungen Frauen – u.a. Ruth Kreil, Liesbeth Rögner, Hilde Lederer, Gerda Starke, Liesbeth Quellmalz – ihre Kenntnisse im Kochen.

Im Eckhaus Haussmannstraße 12 (heute Güterbahnhofstraße) hatte der Kaufmann Oskar Ebert ein Geschäft für Kolonialwaren, Spirituosen und Tabakwaren.

Blick vom Hotel „Glauchauer Hof" über die 1922 vollendete Parkanlage vor dem neuen Glauchauer Bahnhof. Oberhalb des Berghanges verläuft der Gerhart-Hauptmann-Weg.

Das Gelände für den Bau der Parkanlage hatte Oswald Seyfert, Direktor der Chemnitzer Presto-werke, zur Verfügung gestellt. Außerdem sorgte er für den Bau eines Brunnens in diesem Areal. Im Rahmen der Brunnenweihe bekam die Anlage den Namen „Oswald-Seyfert-Park".

Am Hang neben dem neuen Bahnhof in Glauchau hatte der Fabrikant Ernst Boessneck in den Jahren 1923/24 diese Treppe vom Bahnhofsplatz nach oben zum Gerhart-Hauptmann-Weg bauen lassen, deshalb lautet der Name der Treppe auch „Ernst-Boessneck-Treppe".

Die Baumeyer-Drogerie von Ernst-Louis Beyrich in der Schlossstraße 2 entstand 1861 und war ein Fachgeschäft für Drogen und Farben.

Otto Becher mit seiner Ehefrau im Hof seines Geschäftes Schlossstraße 6/7 bei der Aufbereitung von Gemüse für den Verkauf. Seinen Obst-, Gemüse- und Fischladen hatte er am 20. Januar 1919 angemeldet.

Bäckermeister Erhart Fritzsche hat gerade das Brot aus dem Backofen genommen, sodass seine Kunden im Backwaren- und Konditoreigeschäft in der Schlossstraße 8 gleich ihren Einkauf tätigen können. Das Foto entstand etwa 1960.

Von 1932 an betrieb Johannes Hammer das Papierwarengeschäft in der Schlossstraße 14. Er hatte es im Jahre 1909 in der Leipziger Straße 9 eröffnet. 1927 befand sich die Papierhandlung in der Brüderstraße 17 und 1931 in der Nicolaistraße 5. Horst Hammer ließ sich etwa 1999 mit seiner Ehefrau ablichten.

Bäckermeister Ernst Hager von der Chemnitzer Straße hatte etwa 1927 in der Augustusstraße 10 c (heute Agricolastraße) ein Filialgeschäft eröffnet.

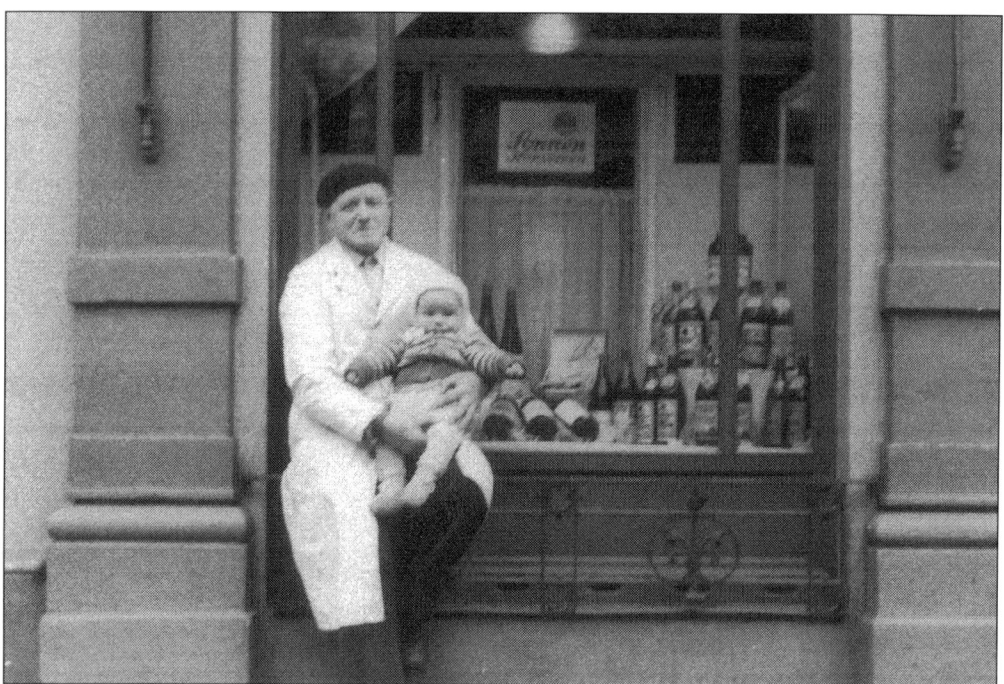

Der Kaufmann Fritz Geipel vor dem Schaufenster seiner Kolonialwaren- und Feinkosthandlung in der damaligen Augustusstraße 11. Auf dem Schoß sitzt seine Tochter.

Die Werkstatt der Möbeltischlerei von Emil Moritz Floß in der Heinrichstraße 13 etwa im Jahre 1927. Sein Urgroßvater Johann Gottlieb Floß hatte die Tischlerei 1823 gegründet.

Das Schaufenster der Bau- und Möbeltischlerei von Emil Moritz Floß in der Heinrichstraße 13. Am 9. August 1948 konnte er mit seiner Belegschaft das 125-jährige Bestehen der Firma feiern.

Am 15. November 1878 wurde die Verwaltungskommission in eine Amtshauptmannschaft umgewandelt. Die Amtshauptmannschaft Glauchau befand sich in der Bäßlerstraße (früher Königsstraße, heute Rudolf-Breitscheid-Straße). In dem Gebäude war später das Wehrkreiskommando untergebracht.

Das Lebensmittelgeschäft in der Hermannstraße 2 hatte Irmgard Scharf mit ihrem Mann im April 1948 übernommen. Von der Gründung am 22. Februar 1926 bis zu diesem Zeitpunkt hatten ihre Eltern – Max Wagner und seine Frau – das Geschäft geführt. Von Oktober 1926 an durfte Max Wagner zudem in seinem Schlachthaus Nutztiere schlachten.

Ein Blick in die Werkstatt des Glasermeisters Erich Eckhardt in der Lerchenstraße 11. Auf dem Foto, etwa aus den 1920er-Jahren, ist sein Vater, Glasermeister Oswald Eckhardt, mit einem Hobel zu sehen. Erich Eckhardt ist der Vater von Rolf Eckhardt.

Im Eckhaus Albertstraße 34 besaß Heinrich Hermann diesen Materialwarenladen. Vor 1911 hatte der Kaufmann Theodor Weber dieses Geschäft übernommen.

Am 28. Juni 1925 wurde das Sommerbad in der Lungwitzer Straße eröffnet. Etwa 3.500 Erwachsene und 550 Kinder waren bei der Einweihungsfeier dabei. Bürgermeister Dr. Schimmel bedankte sich in seiner Eröffnungsrede bei allen, die am Bau beteiligt waren. Besonderer Dank für die schöne Anlage galt Bad-Bauingenieur Paatz aus Leipzig.

Mit der Eröffnung des Sommerbades trat diese Badeordnung in Kraft.

In der Lungwitzer Straße 38 (heute 4) befand sich von alters her eine Bäckerei, so z.B. im Jahre 1908 die des Bäckermeisters Moritz Gerischer. Von 1920 bis 1960 gehörte das Backwarengeschäft Bäckermeister Walter Benndorf.

Glauchau i. Sa.
Georgen- und Sidonienstraße mit Blick nach dem Bismarckturm

Blick in die Georgenstraße, die landwärts in die Sidonienstraße übergeht.

Der Johannisplatz mit der jeweils einmündenden Johannisstraße rechts und der Gerberstraße links. Ebenfalls links ist die Leuschnerstraße (heute Louis-Braille-Straße) zu sehen. Sie führt zur Grundstraße.

In der Gerberstraße 2 betrieben Hans Täufel und seine Frau ein Lebensmittelgeschäft mit Fischhalle. Nach dem Zweiten Weltkrieg führte der Sohn Dieter Täufel gemeinsam mit seiner Mutter das kleine Unternehmen. Das Foto stammt etwa aus dem Jahre 1970.

Der Chemnitzer Platz hatte sich zu Beginn des 20. Jahrhunderts zum Verkehrsknotenpunkt und Geschäftsviertel der Oberstadt entwickelt. Von links sind die Tabakhandlungen von Karl Emil Albert und von Bößneck (ehemals August Thomas) sowie das Kurzwarengeschäft Fuchs (ehemals das Putz-, Weiß- und Wollwarengeschäft von Richard Fischer) zu sehen.

Von der Lichtensteiner Straße in Richtung Forsthaus führte auf der rechten Seite ein Fußweg ab in Richtung Rothenbach. An diesem Abzweig stand so ein Häuschen wie hier auf dem Foto. Im Volksmund sprach man vom „Rothenbacher Bahnhof".

Oswald Heinrich Günther (links) arbeitete von 1925 an als Aufseher in der Sandgrube am Bismarckturm und war gleichzeitig als Hausmeister in Boessnecks Villa in der Plantagenstraße 10 tätig.

Oswald Heinrich Günther (1859–1945) – hinten – mit seiner Familie: den beiden Söhnen, Max (links) und Paul (rechts), zwischen beiden Pauls Ehefrau sowie fünf Enkel. Sie wohnten ab 1900 in Glauchau, vorerst in der Mühlgrabenstraße 26, später in der Färberstraße 22. Im Jahre 1917 zogen sie um in das Hintergebäude der Villa Boessneck, Plantagenstraße 10.

Glauchau in Sachsen. Meeraner Straße.

Die Meeraner Straße vor der Kreuzung Auestraße. Im Eckhaus rechts – Meeraner Straße 32 – befand sich die Metzgerei des Fleischermeisters Paul Puchta. Im Dezember 2009 wurde dieses Haus abgerissen, um Platz für einen Kreisverkehr zu gewinnen.

Im März 1906 hatte Gastwirt R. Zimmermann zum großen Weinschoppenfest in seine festlich im ägyptischen Stil gestalteten Gasträume des Restaurants „Reichskanzler" eingeladen. Dieses Eckhaus stand in der Meeraner Straße/Obere Muldenstraße 1. In den 1920er-Jahren war Arthur Graichen der Gastwirt. Im März 2002 wurde das Gebäude abgerissen.

Heinrich Carl Hedrich hatte im Jahre 1883 den Wehrgarten erworben, ein Elektrizitätswerk eingerichtet sowie sein Wohnhaus auf diesem Areal gebaut.

Am Haus der Wasserturbine im Wehrgarten war diese Höhenstandsmarke angebracht.

2

Blicke in die Gemeinden

Am 3. Oktober 1992 fand ein Festakt im Konzertsaal der Musikschule im Schloss Forderglauchau statt. Anlass war die feierliche Eingemeindung der Ortschaften Niederlungwitz, Reinholdhain und Wernsdorf in die Stadt Glauchau. Nach den Worten des Landrates Dr. Christoph Scheurer fiel dieser Entschluss nicht leicht, Vorurteile und Misstrauen mussten abgebaut werden. Viel Überzeugungskraft war notwendig, bis die Eingemeindungsurkunden schließlich unterzeichnet wurden. Wichtig war dabei, dass die Gemeinden auch nach der Eingemeindung ihre Eigenständigkeit behalten. In den Jahren zwischen dem Ersten und dem Zweiten Weltkrieg waren bereits Ortschaften eingemeindet worden, die allerdings ihre Eigenständigkeit verloren hatten: 1925 die Gemeinde Gesau mit 1.300 Einwohnern, 1929 die Gemeinde Rothenbach mit Albertsthal, zusammen mit etwa 1.500 Einwohnern, die Gemeinde Schönbörnchen mit 72 Einwohnern und die Gemeinde Höckendorf mit 334 Einwohnern. Acht Jahre später – 1937 – folgte die Eingemeindung der Ortschaft Jerisau mit etwa 470 Einwohnern und 1974 die Gemeinde Lipprandis mit 170 Bürgern. Am 1. Oktober 1994 erreichte die Stadt Glauchau den Status „Große Kreisstadt".

Die Hauptstraße von Niederlungwitz. Rechts ist die Einmündung der Glauchauer Straße erkennbar.

Die Wernsdorfer Straße im Ortsteil Rothenbach.

Der Schankwirt Paul Ahnert vom Gasthaus „Grünthal" in Rothenbach hatte die Bürger Glauchaus am 14. Februar 1903 zum Bockbier-Ausschank eingeladen. 1905 übernahm August Stübner das Restaurant. Im März 1906 gab es einen erneuten Besitzerwechsel: Paul Finsterbusch und seine Frau waren nun das Gastwirtspaar.

Die Obermühle in Niederlungwitz, 1489 erstmals urkundlich erwähnt, war ursprünglich schönburgischer Besitz. Charlotte Elisabeth von Schönburg (1698–1735) verkaufte sie 1729 an den Pächter Christoph Rabe. Über mehrere Generationen arbeiteten Christian Gottlob Medicke und seine Nachfahren als Müller. Heute bemüht sich Familie Metzeroth um die Erhaltung der Mühle. Hier sieht man das Mühlengebäude von 1739.

Christian Metzeroth sorgt für die Gangbereitschaft der Mahlwerke, um den interessierten Gästen am Tag des offenen Denkmals und zu jeder weiteren Gelegenheit den Arbeitsablauf in einer Mühle demonstrieren zu können.

Der Getreidemühle in Niederlungwitz war eine Schneidemühle angegliedert. Sie befand sich neben dem Mühlgraben, der das Mühlrad des Sägewerkes in Bewegung setzte. Die Baumstämme wurden mit Laufkatzen – vom Lagerplatz neben der Straße den Bahnschienen folgend – zum Sägewerk transportiert.

Die Glauchauer Straße in Niederlungwitz galt als gute Adresse, denn hier befand sich der Gasthof „Zum goldenen Tal". Am 12. März 1903, dem 1. Osterfeiertag, lud H. Schnabel zu einer öffentlichen Abendveranstaltung mit dem Gesangverein ein. Leider wurde diese Gaststätte 1920 geschlossen.

40

1878 eröffnete Ferdinand Spohn diese Gaststätte mit Fleischerei und dazugehörigem Lebensmittel-geschäft. Außerdem destillierte er nach privater Rezeptur Baldrianschnaps, der dem Lokal den Namen „Baldrian-Schänke" gab. 1912 übernahm sein Sohn Richard das Restaurant, das 1940 auf dessen Sohn Hans überging. 1960 wurde die damals gern besuchte Gaststätte geschlossen.

Für dieses Restaurant im Eckhaus am Ortsausgang von Höckendorf hatte Ernst Henke 1897 laut Recherchen des Gesauer Bürgervereins die Konzession für Bier- und Brandweinausschank erhalten. Im Jahre 1921 erlosch die Schankerlaubnis wieder.

Die Bäckerei von Albin Ebersbach sowie der Stellmacherei- und Karosseriebau-Betrieb von Richard Ebersbach in Höckendorf. Der Ort wurde 1929 nach Glauchau eingemeindet.

Als Glauchau 1858 an die Bahnlinie Dresden–Zwickau angeschlossen wurde, wurde es notwendig, die Verbindungsstraße Glauchau–Meerane in Gesau über die Bahnlinie zu führen. Hier sieht man den Nachfolgebau im Jahre 1911.

3

Mit den Fabriken entstanden die Villen

Glauchau hatte in der zweiten Hälfte des 19. Jahrhunderts den Weg zur Industriestadt beschritten. In Westsachsen gehörte dabei der Glauchauer Bezirk zu den Hauptindustriegebieten. Eine Vielzahl von Industriezweigen siedelte sich an, wobei die Textilbranche dominierte. Die Unternehmer waren Dank ihres Gewinnanteiles in der Position, Grundstücke mit Grünflächen in ruhiger Lage erwerben zu können. So entstand am südlichen Stadtrand Glauchaus ein Villenviertel, dessen Bauten als ausgewiesene Denkmalobjekte noch heute einen bemerkenswerten Reiz ausstrahlen. Infolge der entschädigungslosen Enteignung durch den Volksentscheid in Sachsen vom 30. Juni 1946 verließen zahlreiche Glauchauer Textilfabrikanten die Stadt, um sich in den westlichen Besatzungszonen eine neue Existenz aufzubauen. Die Villen wechselten die Besitzer und dienten hauptsächlich zu Wohnzwecken oder als Sitz von Institutionen. Nach der Wiedervereinigung erwarben neue Besitzer die interessantesten Villen und sorgten für eine denkmalgerechte Sanierung.

Diese Villa, die von einem größeren Gartengrundstück umgeben ist, steht in der Sonnenstraße 59. Sie wurde 1920 im Auftrag des Besitzers der Klapphutfabrik Rudolf Felix Weissbach von Baumeister Reinhold Ulrich errichtet.

„Franziskas Heim" war der bereits 1896 entstandene Vorgängerbau der Weissbach'schen Villa in der Sonnenstraße 59.

Die Villa in der Wettiner Straße 16 wurde von Carl Ferdinand Kobes etwa 1903 errichtet. In den 1920er-Jahren erwarb sie Rudolf Felix Weissbach für seinen Vater Franz Robert als Alterssitz. In drei der insgesamt vier Wohnungen zogen Mieter ein.

Diese Villa in der Martinistraße 3 ließ Stadtrat Karl Oskar Stange in den Jahren 1897/98 erbauen.

1866 errichtete Baumeister Theodor Kästner diese Villa in der Martinistraße 8 im Stil der Neorenaissance. Bauherr war Gustav Adolf Günther.

Die von Otto Boessneck beauftragte und von Architekt Bruno Eelbo (1853–1917) errichtete Villa in der Plantagenstraße 10. Hier wohnte ab 1916 Hermann Ernst Paul Brink, der von 1889 bis 1922 Bürgermeister von Glauchau war. Sein Sohn, der Arzt Dr. med. Paul Brink, und seine Familie lebten ebenfalls in der Villa. Nach umfangreicher Restaurierung lädt hier heute das Restaurant „La Villa" zum Besuch ein.

Ein Blick in das Wohn- und Arbeitszimmer der Familie seines Sohnes, des praktischen Arztes Paul Brink, in der Villa Plantagenstraße 10.

1885/86 hatte der Besitzer der Weberei in der Lampertstraße – Carl Wilhelm Klemm – seine Villa an der Plantagenstraße 5 bauen lassen. Baumeister war Theodor Kästner.

Die Ausstattungen der Villen vermitteln auch heute noch ein reizvolles Flair. Hier sieht man die Deckengestaltung in der Villa Plantagenstraße 5.

Die Villa in der Plantagenstraße 1 wurde von Clemens Steiger erbaut. Ursprünglich war sie ein typischer Neorenaissance-Bau, die An- und Umbauten erfolgten später. In den 1930er-Jahren war K. Richter, der Leiter des Pädagogiums, ihr Besitzer. Heute ist der DRK-Kreisverband Glauchau e.V. in diesem Gebäude untergebracht.

1894 errichtete der Baumeister Friedrich Krumbiegel diese Villa in der Martinistraße 6. Bauherr war der Kaufmann Franz Otto Doerffel, Prokurist der Firma Lorentz & Ramminger Nachf.

1898 ließ Louis Berger, Textilfabrikant der Firma Lorentz & Ramminger, die Villa in der Meeraner Straße 13 für seine Familie bauen. Das Gebäude liegt inmitten eines großzügigen Parks mit exotischen Gehölzen. Nach dem Zweiten Weltkrieg war hier ein Altenheim untergebracht. 2004 veranlasste der neue Besitzer Günter Hans eine Sanierung, um ein Auktionshaus zu etablieren.

Der renovierte Eingangsbereich dieser Villa, dessen Treppenaufgang ein großes Bleiglasfenster im Jugendstil schmückt.

Baumeister Julius Ulrich hatte von Stadtrat Johann Hermann Ludwig Glissmann den Auftrag zum Bau einer Villa in der Martinistraße 10 erhalten. Dieser Auftrag war 1885 erfüllt. Im Jahr 1928 erwarb der Fabrikant der Kleiderstoffweberei in der Scherbergstraße (heute Otto-Schimmel-Straße) Ernst Seifert die Villa. Nach 1946 war dieses Haus das Domizil des Kulturbundes. Heute probt jeden Mittwoch der Frauenchor des Krankenhauses in den Räumen der Villa, in Nutzung der Reha Glauchau, Kreiskrankenhaus „Rudolf Virchow".

Diese Villa in der Friedrich-Ebert-Straße 5b wurde vom Architekten Bruno Heinrich Eelbo entworfen und von Reinhold Ulrich gebaut. Sie gehörte einst dem Textilunternehmer Hugo Ernst Boessneck, der sie um 1895 errichten ließ. Die Deckenmotive stammen von den Dekorationsmalern D. Hesse aus Leipzig und W. Kroll aus Glauchau. Anfang der 1990er-Jahre hat der Bauunternehmer Walter Hellmich die freistehende Villa gekauft und innerhalb von etwa zwei Jahren erfolgte die originalgetreue Rekonstruktion durch Peter Schönhoff, seinen Sohn Andreas und unter Mitwirkung der Baufirma des Herrn Walter Hellmich aus Weidensdorf.

1860 wurde diese Villa in der Plantagenstraße 6 im Auftrag des Fabrikants Heinrich Panzer erbaut, die heute vom ambulanten Pflegedienst der Schwester Christine Gehmlich unter dem Slogan „Pflege mit Herz" genutzt wird.

1887/88 ließ Fabrikant Johann Ernst Boessneck diese Villa in der Plantagenstraße 3 im Stil der Neorenaissance errichten. Baumeister war auch hier Julius Ulrich.

1928 ließ Carl Werner, Direktor der Appreturanstalt Carl Persch GmbH Glauchau in der Lindenstraße, diese Villa in der Jahnstraße vom Baubetrieb Emil Meister errichten. 1964 richtete man
hier eine Kinderkrippe bzw. einen Kindergarten und von 1990 bis 1993 eine Fördereinrichtung
für Behinderte ein. 2000 erwarb und sanierte Familie Jens Ludwig Villa und Gartenanlage.

Auf der Bank im Garten seiner Villa in der Jahnstraße 19 sitzt rechts der Erbauer des Hauses,
Carl Werner, Direktor der Firma Persch, und links seine Ehefrau mit der jungen Tochter. Die
von der Firma für die Betriebsangehörigen gebauten Siedlungshäuser am Bayernweg erhielten den
Namen „Carl-Werner-Siedlung".

4

Wahrzeichen Glauchaus von Baumeister Ulrich

Am 23. April 1858 gründete Maurermeister Julius Ulrich (1833–1914) eine Baufirma in Glauchau. Er war mit Franziska, geborene Schnabel, verheiratet, mit der er zwei Töchter und Sohn Reinhold (1861–1940) bekam. Als Julius Ulrich 1891 in den Ruhestand trat, übernahm sein Sohn die Geschäftsleitung. Er hatte eine bautechnische Ausbildung an den Technischen Staatslehranstalten in Chemnitz genossen und erweiterte nun mit Sachkenntnis den väterlichen Betrieb. Die von seiner Firma geschaffenen Gebäude bereichern noch heute das Stadtbild. Aufgrund der Zunahme der Bauaufträge wurde die Angliederung eines Architektenbüros notwendig. Hier entstanden die Baupläne für über 40 Villen sowie für das Bezirksgenesungsheim, das Stadtbad, das Waisenhaus, den Bismarckturm, den Krankenhausneubau, das Christliche Vereinshaus, die Post usw. Weitere Aufträge kamen von den Städten der Umgebung, z.B. Lichtenstein, Waldenburg, Rochsburg und Chemnitz. Baumeister Reinhold Ulrich setzte sich auch vorbildlich für öffentliche Belange ein. Er war nahezu 30 Jahre ehrenamtlicher Stadtverordneter und fünf Jahre Stadtrat. Am 8. Mai 1940 starb Reinhold Ulrich. Sein Sohn Fritz führte die Firma weiter bis zu seinem Tod am 13. September 1951. Danach übernahm seine Frau Käthe die Leitung. In der DDR wurde der Betrieb 1972 enteignet.

In dieser Villa an der Kreuzung Wettiner Straße 9 und Goetheweg hatte die Familie von Baumeister Ulrich ihr Domizil.

Am 1. Januar 1876 wurde in Berlin die Deutsche Reichsbank mit Hilfe von Privatkapital gegründet. 1904 errichtete man das Geschäftshaus der Bank in der Leipziger Straße 37 in Glauchau. Es wurde entworfen und gebaut von Baumeister Reinhold Ulrich. Dieser bevorzugte den Neorenaissance-Stil unter Verwendung des Rochlitzer Porphyrs.

1897 wurde der Grundstein für das Waisenhaus in der Wettiner Straße gelegt. Am 25. Juni 1898 konnte die Einweihung gefeiert werden. Nachdem ein Schülerchor am Portal gesungen hatte, überreichte Baumeister Reinhold Ulrich dem Vorsteher Arthur Cubasch den Schlüssel. In der Aula begrüßte Cubasch dann die Gäste, danach weihte Superintendent Weidauer den Bau.

In den Jahren 1893/94 wurde das Kaiserliche Postamt, das gleichzeitig das Telegrafenamt war, erbaut. Dank der im Neorenaissance-Stil gestalteten Schalterhalle ist es eines der schönsten Postgebäude und ein Wahrzeichen Glauchaus.

Die Schalterhalle der Glauchauer Postfiliale mit den Wandmalereien und der Kassettendecke im Stile der Neorenaissance wurde in den 1990er-Jahren restauriert. Bei diesen Arbeiten konnten die Namenszüge der drei Schöpfer der Wandbilder weitgehend freigelegt werden: William Metzeroth und Arthur Kroll. Der dritte Name war nicht lesbar.

Es war ein großes Ereignis, als an Pfingstsamstag, dem 25. Mai 1901 die Einweihung des Stadtbades stattfand. Gegen 10 Uhr übergab Bauleiter, Stadtverordneter und Baumeister Reinhold Ulrich nach kurzer Ansprache Bürgermeister Paul Brink den Schlüssel. Dieser begrüßte die Vertreter der Behörden, Ehrengäste und die Bürger, hob die Bedeutung des Baus für die Stadt hervor und lud die Gäste zum Rundgang ein.

Blick in die Schwimmhalle des Glauchauer Stadtbades. Das Schwimmbassin maß 20 Meter Länge und acht Meter Breite. Das ergab einen Flächeninhalt von 160 Quadratmeter. Links und rechts führten Stufen in das Bassin mit 75 Zentimeter Wassertiefe. Nach vorn nahm die Wassertiefe bis zu 2,80 Meter zu.

Auf dem Bezirkstag am 18. Januar 1902 legte Amtshauptmann Ebmeier, unterstützt von Med. Rat Dr. Hankel, den Plan zum Bau eines Genesungsheimes vor. Am 30. Juni 1905 begann Baumeister Reinhold Ulrich den Bau des Heimes im Rümpfwald. Vorerst betrug die Platzkapazität 50 Betten. Von 1915 bis 1919 diente das Genesungsheim als Lazarett.

Glauchau i.Sa.,
Bahnhof, Vorhalle mit Blick nach den Wartesälen,

Die Baupläne für diese helle und freundliche Empfangshalle des Glauchauer Bahnhofes hatte die Reichsbahndirektion Dresden erstellt. Am Bau, insbesondere an den Eisenbetonarbeiten, wirkte u.a. Reinhold Ulrich mit. Ofensetzer Kottke und Malermeister Kroll aus Glauchau beteiligten sich ebenfalls am Neubau.

Glauchau · Städt. Krankenhaus, Gartenseite

1898 verfassten Dr. Hankel und Dr. Brückner eine Denkschrift, in der sie einen Krankenhaus-neubau forderten. 1911 genehmigte der Stadtrat den Neubau, den Baumeister Reinhold Ulrich errichtete. Am 6. Oktober 1914 konnte das Haus übergeben werden – wenn auch, bedingt durch den Ersten Weltkrieg, an Militärärzte, die das Krankenhaus als Lazarett übernommen hatten.

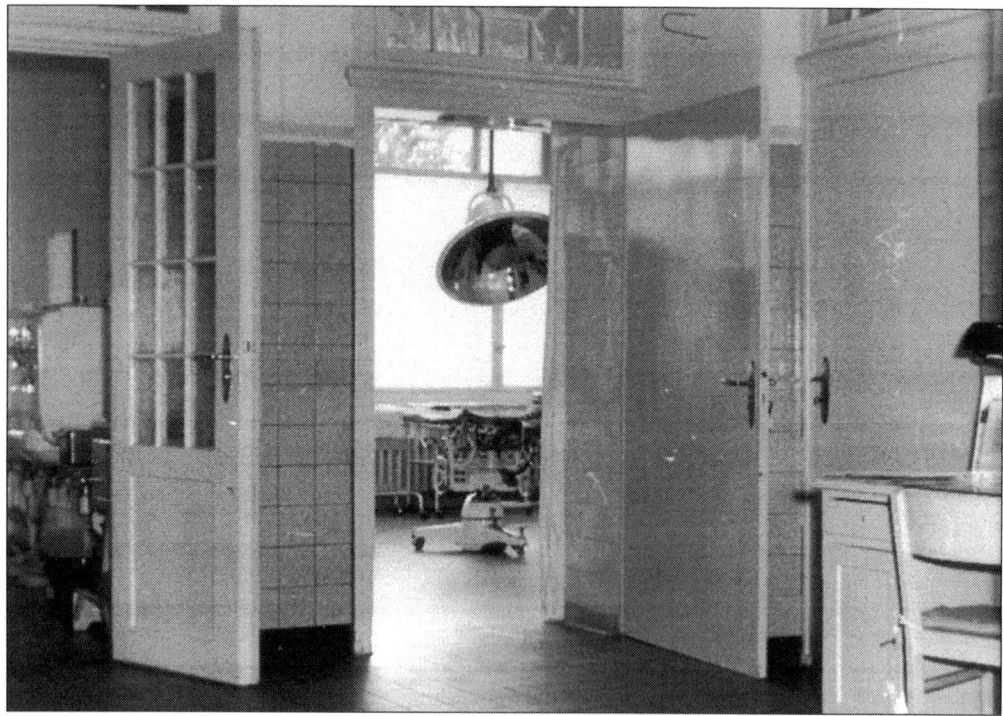

Ein Blick in die Behandlungsräume im neuen Krankenhaus in Glauchau.

Im Jahre 1907 begann der Baubetrieb Ulrich mit der Errichtung des Bismarckturmes nach eigenen Entwürfen. Der Wasser- und Aussichtsturm entstand aus Pirnaer Sandstein. Am 4. September 1910 feierte man nach dreijähriger Bauzeit schließlich die Einweihung.

Buchen-Abteilung.

Am 3. Mai 1925 fand in Anwesenheit des Amtshauptmannes von Welk und des 1. Bürgermeisters Dr. Schimmel die Einweihung und Schlüsselübergabe für die Jugendherberge statt. Es standen insgesamt 38 Betten zur Verfügung. Hier sieht man das Zimmer für die Jungen. 1928 wurden bereits 3.000 Übernachtungen gebucht.

1910 baute der Architekt und Baumeister Reinhold Ulrich in der Schlachthofstraße das Königliche Bezirkskommando mit dem Kammergebäude. Im März 1911 wurden beide Gebäude vom Militärintendanten übernommen.

Am 14. September 1906 schallten Böllerschüsse der privilegierten Schützengesellschaft über den Schützenplatz. Zuvor hatte Baumeister Reinhold Ulrich dem Leiter der Schützengesellschaft den Schlüssel für das neue Schützenhaus übergeben. Dieses war als Zweckbau im Münchener Stil errichtet worden.

5

Institutionen, Vereine, Geschäfte – (über) 100-jährige Traditionen

„Ein Leben ohne Feste ist wie ein langer Weg ohne Einkehr" (Demokrit). Doch je größer das Fest, umso mehr Vorbereitungen sind notwendig. Das gilt vor allem für Vereine, die einen Gründungstag festlich begehen möchten. Dann werden Gastvereine eingeladen und ein Festumzug geplant. Andere Festlichkeiten sind die Jubiläumsfeiern der Handwerks- und Handelsgeschäfte, vor allem wenn sie über mehrere Generationen in Familienbesitz sind. Größer wird die Feier, wenn man sich an das Gründungsjahr von Institutionen und an das Baujahr von Denkmälern erinnert. Und nicht zuletzt steht meist ein großes Fest an, wenn die Stadt ihre runden Geburtstage feiert. Die letzte derartige Feier gab es in Glauchau im Jahre 1990 – die 750-Jahr-Feier. Man sollte nicht vergessen: „Man muss die Feste feiern, wie sie fallen!"

Im Juni 2000 gab es im Zwinger ein Straßenfest, der Neubau des Buchbindergeschäftes von B. Wunderlich wurde eingeweiht. Mit dabei war u.a. der Männerchor Glauchau-Rothenbach, der Lieder aus seinem Repertoire vortrug. Übrigens konnte dieser Verein im Jahr 2010 auf sein 150-jähriges Bestehen verweisen.

Ende des 16. Jahrhunderts konnte auch die Glauchauer Schützengesellschaft mit der Büchse schießen. So wurde Jahr für Jahr der Schützenkönig ermittelt. 1927/28 ging der Prokurist der Aktienbrauerei Zwickau-Glauchau, Willy Hartig, als Sieger aus dem Wettbewerb hervor. Hier bringt ihn die Kutsche zur Festveranstaltung.

Der Spielmannszug des Schützenvereins posierte 1935/36 für den Fotografen. Die Gründung der privilegierten Schützengesellschaft Glauchau geht auf das Jahr 1551 zurück.

Die Mitglieder der Reinholdshainer Feuerwehr trafen sich am Gasthof „Döhler", um am Festumzug der Glauchauer Feuerwehr teilzunehmen.

Bei diesem Festumzug war auch die alte Technik – zum Vergnügen der Bevölkerung – vertreten. Anlass dieses Umzuges war das 125-jährige Bestehen der Glauchauer Feuerwehr.

Am 9. Oktober 1887 wurde die Turnhalle an der Turnerstraße (heute August-Bebel-Straße) eingeweiht. Damit hatte der 1886 aus dem Zusammenschluss von drei Turnvereinen entstandene Turnerbund eine eigene Übungsstätte. Von 1902 an nutzte diese auch die Turnriege Jahn. Hier sieht man Vorturner Hermann Albert und in der Riege von links Willi Etzold, Fritz Starke, Max Wittig u.a.

2002 konnte die Riege Jahn vom Turnerbund Glauchau 1845 e.V. auf ein 100-jähriges Bestehen zurückblicken. Zu diesem Anlass waren die Turnfreunde am 28. September 2002 in Freyburg an der Unstrut und statteten u.a. dem Grab von Turnvater Jahn und dem Jahnmuseum einen Besuch ab.

Am 1. Februar 1885 konnte das Gewerbemuseum dank des Engagements des Färbereibesitzers Julius Möhler (1844–1894) in die im Mai 1884 gemieteten Räume der ersten Etage im Haus am Markt 22 einziehen. Bereits 1887 erwarb der Gewerbeverein das 1814 erbaute Haus am Schlossplatz – das spätere Gewerbehaus. Die Sammlungen wurden hier in sechs Räumen präsentiert.

Ein Foto der Dauerausstellung „Weberleben – zum Alltag im Schönburgischen". Der rechte hintere Krug hat die Gravur: „Der ehrbaren Weberzunft – Einweihung des neuen Meisterhauses am 21. Oktober 1825. Verehrt von der Weberinnung aus Waldenburg durch den Obermeister C.G. Schnabel".

Aus finanziellen Gründen schenkte der Gewerbeverein das Museum der Stadt, die Räume im Gewerbehaus wurden Wohnzwecken zugeführt. Die Sammlungen überführte man 1908 vorübergehend in die König-Friedrich-August-Schule am Schillerpark. Im Dezember 1936 wurde Alfred Schott von Oberbürgermeister Dr. Flemming beauftragt, im Schloss Hinterglauchau ein Stadt- und Heimatmuseum einzurichten, das man im Juni 1940 – anlässlich der 700-Jahr-Feier – eröffnete.

In dem Museum und der Kunstsammlung Schloss Hinterglauchau können folgende Dauerausstellungen besichtigt werden: Historische Interieurs des 16. bis 19. Jahrhunderts, Malerei und Plastik des ausgehenden 19. und beginnenden 20. Jahrhunderts (mit Exponaten der Paul-Geipel-Schenkung), Weberleben – zum Alltag im Schönburgischen, Kabinettausstellung zur Stadt- und Schlossgeschichte, Kabinettausstellung zu Leben und Werk Georgius Agricolas mit angeschlossener Mineralienausstellung.

Anlässlich der Einweihung des Kaiserlichen Postamtes am 8. Dezember 1893 hatten Bürgermeister Brink sowie die Stadtverordneten die Ehrengäste der Stadtgemeinde nachmittags 14.00 Uhr ins Restaurant „Casino" zu einem Festmahl eingeladen.

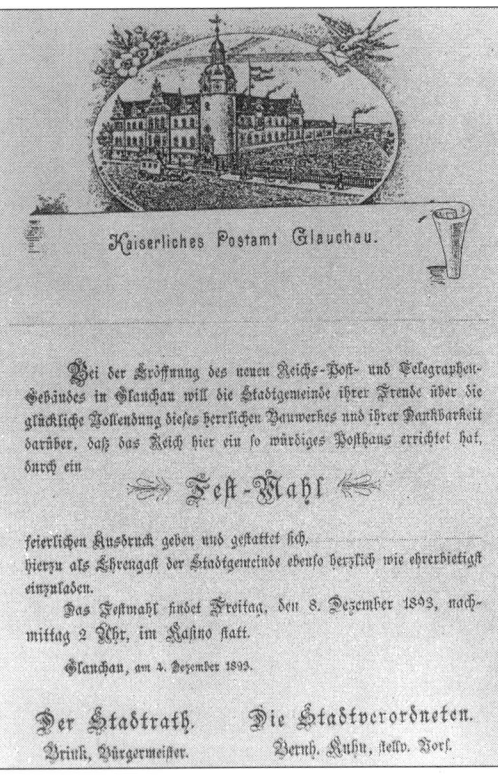

Das Postamt konnte am 8. Dezember 1993 sein 100-jähriges Bestehen feiern. Unter den Gästen befand sich auch Landrat Dr. Scheurer. Er überbrachte die Glückwünsche zum Geburtstag des Postgebäudes.

Am 10. Februar 1900 wurde das Bürgerheim „König-Albert-Stift" geweiht. Die Entwürfe stammten vom Architekten Arthur Lützner, der auch die Bauleitung innehatte. Nach dem Läuten der Feierabendglocke hielt Bürgermeister Brink die Weiherede.

Am 10. Februar 2000 konnte das 100. Jubiläum des Bürgerheimes gefeiert werden. Geschäftsführerin Angela Löchel begrüßte die Gäste, u.a. König Albert mit Gattin. Die Festrede hielt der 1. Bürgermeister Helmut Trommer.

Am 7. Mai 1987 hatte man die Eingangszone der Stadt- und Kreisbibliothek „Georgius Agricola" im Schloss Forderglauchau neu gestaltet und anlässlich der Woche des Buches der Öffentlichkeit übergeben.

Am 18. Mai 2009 besuchten viele Bürger Glauchaus die Festveranstaltung zum Jubiläum „110 Jahre öffentliche Bibliothek in Glauchau" im Konzertsaal des Schlosses Forderglauchau. Kirsten Petermann, Leiterin der Bücherei, führt hier nach dem interessanten Vortrag der Direktorin der Stadtbibliothek Bremen, Barbara Lisen, ein Gespräch.

Der am 4. September 1910 eingeweihte Wasser- und Aussichtsturm hat eine Höhe von 46 Metern. Am Fuße des Turmes befindet sich der Löwenbrunnen, beidseitig davon führt je eine Freitreppe in die Höhe des Turmeinganges. Mittels der Pforte gelangt man in die monumentale Ehrenhalle. Über eine Treppe erreicht man die erste Etage, wo sich die Wohnung der Familie des Türmers befand (bewohnt von 1957 bis 1972). In der Etage darüber waren die Zimmer der Jugendherberge. Es folgt das zwölf Meter hohe Bassingeschoss. Abschließend befindet sich die Laterne, die von einer Aussichtsgalerie umgeben ist.

Im Erdgeschoss des Bismarckturmes befindet sich die Gedächtnishalle für die im Ersten Weltkrieg gefallenen über 1.500 Glauchauer. Gedenktafeln weisen die Namen der Gefallenen aus. Hier legten Einzelpersonen und Vereine Blumengebinde oder Kränze nieder. Der 1915 auf dem Marktplatz aufgestellte „Eiserne Wehrmann" war in diese Halle umgesetzt worden.

Kriegs-Hilfsstelle für Glauchau.

Dem Stifter eines Nagels
für den

Glauchauer
Wehrmann in Eisen

dieses Gedenkblatt zum Dank.

Verkehrsverein Glauchau, e. V.

Glauchau, im Jahre 1915.

Der vorerst auf dem Marktplatz unter einem Baldachin stehende „Eiserne Wehrmann" war 1915 vom Verkehrsverein aufgestellt worden. Gegen eine Spende konnte man einen Nagel erwerben und einschlagen. Der Spender erhielt solch einen Gedenkschein. Die Einnahmen kamen der Kriegshilfsstelle zugute.

Der Bläserchor der St.-Georgen-Kirche feierte 2009 sein 120-jähriges Bestehen. Der zweite Musiker in der zweiten Reihe links ist der langjährige Chorleiter Rudi Meinhardt.

Das Metzgerei-Fachgeschäft von Rainer Ludwig in Rothenbach. Fleischermeister Fritz Pester hatte das Haus eines Webers gekauft und es zu einer Metzgerei umbauen lassen. Dazu ließ er – als natürliches Kühlhaus – einen 13 Meter großen Stollen in den Berg hineintreiben. Am 21. Oktober 1897 wurde das Geschäft eröffnet. Das Foto entstand zum Jahreswechsel 1979/80, als Rainer und sein Sohn Jörg 80 Wildschweine und 43 Dam- und Rehwild aufbereitet hatten.

Erdmann August Schöltzke führte ein über die Landesgrenze bekanntes Geschäft für Glas-, Porzellan-, Haushalts- und Geschenkartikel sowie Wein und Schnitzereien. 1825 hatte er ein „kurzes Warengeschäft" eröffnet. Der heutige Inhaber Matthias Schöltzke führt den Betrieb in der dritten Generation weiter. Hier sieht man das Geschäft 1931 im Haus Markt 18.

Am 30. Juni 1910 eröffnete Oswald Jungmichel sein Schreibwarengeschäft in diesem Haus in der Quergasse 13. Am 1. August 1987 übernahm seine Tochter Siegrid Pätz das Geschäft und führte es weiter. Am 30. Juni 2010 konnte sie nach einer Renovierung des Hauses das 100. Geschäftsjubiläum feiern.

Der Schmiedemeister Holger Thomas hatte mit dem 1. Januar 1993 die Schmiede am Chemnitzer Platz 2 von seinem Vater übernommen. Er führt seither den 1899 von Eduard Carl Thomas gegründeten Betrieb in der vierten Generation weiter und konnte im Jahr 1999 das 100-jährige Bestehen des Betriebes feiern.

Fährt man auf der Waldenburger Straße durch den Ortsteil Jerisau, kommt man an diesem Haus Nr. 21 vorbei. Bereits 1906 eröffnete Richard Meiner das hier ansässige Lebensmittelgeschäft.

Seit 1991 führt Helga Wolf diesen „Tante Emma-Laden" in der dritten Generation. Das Bedienen der Kunden macht ihr Spaß, so konnte sie 2006 auf das 100-jährige Bestehen des Geschäftes zurückblicken.

6

Vereine, Vereine, Vereine

In Vereinen treffen sich Personen, die freiwillig und dauerhaft einen bestimmten Zweck verfolgen, sie entstehen aus lokaler Bindung und dem Wunsch nach Geselligkeit. Grundlegende Normen sind in einer Satzung festgeschrieben. Neben den turnusmäßigen Zusammenkünften wird in einer Hauptversammlung der Vorstand (Vorsitzender), der Stellvertreter, der Schriftführer und der Kassierer gewählt. Dabei muss ein Verein zur Erlangung der Rechtsfähigkeit im Vereinsregister beim Amtsgericht eingetragen werden. Damit wird der Verein zur juristischen Person und darf die Bezeichnung „eingetragener Verein" oder zusätzlich zum Vereinsnamen den Zusatz „e.V." führen. Interessant ist ein Blick in den Annoncenteil der „Glauchauer Zeitung". Hier kündigen die Vereine ihre Veranstaltungen und Feste an, als besonderer Glanzpunkt gilt dabei das Stiftungsfest. So beging zum Beispiel der „Kaufmännische Verein" am 15. November 1900 im Theaterlokal das Stiftungsfest. Aufgrund der steigenden Anzahl von Vereinen und damit verbunden von Vereinsnachrichten hatte die „Glauchauer Zeitung" in den 1920er-Jahren die Rubrik „Vereine und Veranstaltungen" aufgenommen. Zur Erinnerung einige Beispiele: 14. Juni 1925, „Arb.-Radf.-Verein Solidarität" Niederlungwitz mit 20. Stiftungsfest im Hotel „Kastanienbaum"; 28. November 1925, Mandolinisten- und Gitarristen-Verein „Freie Klänge" Glauchau mit 2. Stiftungsfest im Schützenhaus; 24. Juli 1926, Turnerbund Glauchau Abt. Turnverein Riege „Humor 1924" mit 2. Stiftungsfest im Hotel „Bismarckhöhe".

In den 1930er-Jahren feierten die Vereine immer wieder Waldfeste, an denen sich die Mitglieder zahlreich beteiligten.

Das Gruppenfoto der Feuerwehr entstand 1912 nach einer Übung.

Junge Musikanten erinnerten sich gern an ihre Lehrjahre um 1912 in Waldenburg.

Die Riege der Freien Turnerschaft, etwa im Jahre 1927. In der mittleren Reihe ganz links ist Turnfreund Helmut Albert zu sehen. Er war auch Übungsleiter der Frauenriege.

Etwa 1925 feierten die Mitglieder der Riege Jahn zusammen mit ihren Partnern anlässlich einer Vergnügungsveranstaltung unter dem Motto „Turnfest in Chintau".

Die Mitglieder der Freiwilligen Feuerwehr in Reinholdshain trafen sich 1954 zu einem „Privateinsatz" – einem Pfingstausflug mit dem Fahrrad – vor dem Gasthof „Döhler". Sicher gab es auch etwas zu löschen!

Die Musikgruppe des Ortsteils Niederlungwitz.

Im Jahre 1930 begingen die Mitglieder der Freien Turnerschaft mit ihren Angehörigen im Oertelshainer Wald ein Fest.

Diese Frauen waren Anhängerinnen der natürlichen Heilkunde und gehörten dem Verein für Naturgemäße Lebens- und Heilweise Priesnitz an. Das Vereinsareal befand sich im Carolapark, oberhalb des Hanges am Riedels Teich. In seinem Jahresprogramm hatte der Verein auch Wanderungen und Tagesreisen.

Ein Gruppenfoto der Glauchauer Frauenriege des Turnerbundes anlässlich eines Turnfestes in Leipzig.

Ein Glauchauer Militärverein ließ Anfang der 1920er-Jahre zu einem Appell auf dem Kirchplatz angetreten.

Ein historisches Gruppenbild der Friseure, die am 15. Mai 1960 ihr 75. Genossenschaftsjubiläum im Hotel „Lindenhof" feierten.

Vom 14. Februar bis 1. März 1987 richtete die BSG Chemie Glauchau die DDR-Einzelmeisterschaften im Schach für Männer und Frauen im Kultursaal des Spinnstoffwerkes „Otto Buchwitz" aus. Bürgermeister Hans Blüschke eröffnete die Meisterschaft mit dem ersten Zug.

Ein Jugendblasorchester umrahmte die Eröffnung der Polytechnischen Oberschule „Juri Gagarin" (heute „Schule am Rosarium") am 30. August 1975 musikalisch.

„Harmonie hält uns zusammen – Harmonie vereint!" Dieses Lied war besonders bei Fußballvereinen beliebt – so auch bei der SV Reichsbahn und beim VfB Glauchau. Das Foto stammt etwa aus den 1930er-Jahren. Mit dabei waren u.a. die Sportfreunde Heinrich Förster, Kurt und Karl Haueisen.

7

Wider das Vergessen

Erlauben Sie, dass ich dieses Kapitel mit einem Sprichwort beginne: „Zum Glück existiert nichts für die Ewigkeit. Das einzig Dauerhafte ist die Veränderung." Dieser Ausspruch wird auch in unserer Heimatstadt Glauchau und besonders im 20. Jahrhundert durch die industrielle Entwicklung sowie in den nachfolgenden Jahren mit der Umgestaltung des Stadtbildes bestätigt. Nach Jahren kommt die Zeit, dass beim Lesen von Artikeln und Betrachten alter Aufnahmen die Fragen entstehen: Wo war das? Was war das? Wie war das? Besonders bei jungen Menschen, bei zugezogenen Bürgern und bei denjenigen, die vor Jahren ihrer Heimatstadt den Rücken gekehrt haben, tauchen solche Fragen gehäuft auf. Ich möchte deshalb an einer Reihe von Beispielen die Erinnerung auffrischen.

Nach 40 Jahren lud man am 20. Mai 1989 die ehemaligen Belegschaftsmitglieder des VEB Glauchauer Damenstoffweberei in das Klubhaus nach Weidensdorf ein. Das Treffen fand großen Zuspruch, schließlich gab es viel Gesprächsstoff.

Am Fahrkartenschalter in der Bahnhofshalle: „Bitte eine Fahrkarte nach Rochlitz mit Rückfahrt!"

Auf dem Weg zum Bahnsteig musste die Fahrkartenkontrolle passiert werden.

Immer wieder wurde der Wehrdigt durch Hochwasser der Zwickauer Mulde in Mitleidenschaft gezogen, so auch am 15. August 1925, als die Auestraße Land unter war.

Das Ergebnis des Hochwassers im Jahr 1954 im Ortsteil Jerisau. Die Grundpfeiler der Muldenbrücke waren unterspült worden, deshalb zerbrach die Brückendecke mit Vehemenz.

Hier präsentierte sich das Glauchauer Theaterensemble in seiner Zusammensetzung von 1947. Auf dem Motorrad thronte Impresario Hellmut Fritzsche. Anstelle des Fahrrades konnte er nun mit seiner DKW 150 die Gastspielorte im Muldental und Erzgebirge sowie in Thüringen aufsuchen und die nötigen Absprachen treffen.

Am 18. März 1950 befand sich das Theaterensemble auf Tournee in Aue. Es wurde die Operette „Der Obersteiger" von Carl Zeller aufgeführt.

Ab dem 31. Januar 1889 rollte der Verkehr über die Niedere Muldenbrücke (früher König-Albert-Brücke), die von der Königin-Marien-Hütte AG in Cainsdorf gebaut worden war. An der gegenüberliegenden Seite standen das Hochhaus und davor das Brückenzollhaus. Im Mai 1897 beschlossen die Abgeordneten, den Brückenzoll aufzuheben.

Die Niedere Muldenbrücke war 1954 baufällig geworden. Den notwendigen Abriss übernahm die Glauchauer Firma Gehrt.

Auf dem Leipziger Platz am Abzweig zur Lindenstraße stand das einzige Hochhaus Glauchaus mit sechs Etagen. Carl Heinrich Hedrich hatte es 1866 mit seinen charakteristischen Eisentreppen über dem Mühlgraben errichten lassen. Die Carlsmühle wurde – wegen des mühevollen Aufstiegs – im Volksmund Hungerturm genannt. Die Niedere Muldenbrücke gab man am 7. Januar 1956 für den Verkehr frei.

Am 14. Juni 1974 wurde das Hochhaus Leipziger Platz/Ecke Lindenstraße gesprengt. Dazu wurde der Straßenverkehr vorübergehend gesperrt.

Eine Szene aus dem Abschlussprogramm des 21. Weberfestes am 26. Juni 1988. Auf der Bühne im Gründelpark sang Frank Schöbel mit Band.

Wasserspiele sind immer wieder Anziehungspunkte für „Groß und Klein" in einer Stadt. In Glauchau war dies in den 1960er-Jahren der „Wasserspeiende Frosch" am Fuße des Carolaparkes an der Schlachthofstraße. Weitere Kleinbrunnen gab es am Bismarckturm („Löwenbrunnen"), am Goetheweg gegenüber von Ofensetzer Kottke sowie im Grünen Winkel („Am Brunnen"), außerdem die Quelle im Äußeren Stadtgraben (Gartenstraße), „Zappelborn" genannt. Das ist das einzige Rinnsal, das in Glauchau noch plätschert.

Nach dem Abriss der Gebäude des ehemaligen Jahr'schen Sägewerkes in Reinholdshain errichtete man ab 6. Juni 1938 die Molkerei. Am 3. Dezember 1938 war das Betriebsgebäude fertiggestellt und am 13. Januar 1940 konnte die Produktion beginnen. 1990 feierte die Molkerei-Genossenschaft Glauchau ihr 50-jähriges Bestehen. Täglich wurden etwa 350.000 Liter Milch verarbeitet.

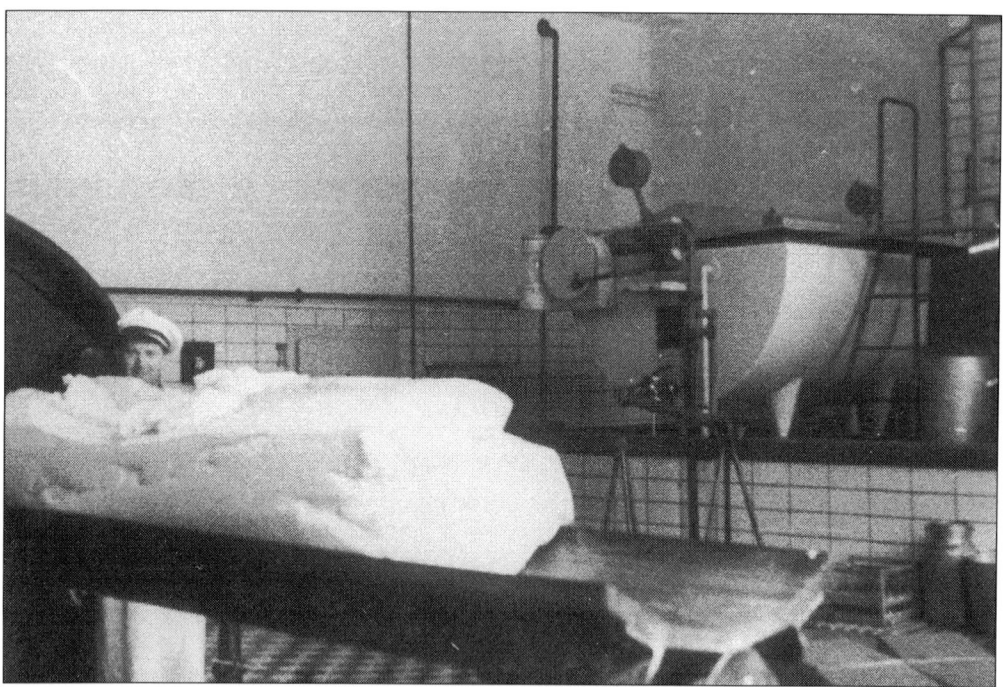

Blick in die Butterei der Molkerei in Reinholdshain. Etwa 900 Kilogramm wurden aus dem Butterfass entnommen.

Musikprofessor Schwartze aus Dresden spielte eine Melodie auf dem Keyboard und gab sie dadurch dem Glockenspiel vor, welches dann das Geläut über den Marktplatz zu Gehör bringt.

Die Porzellanglocken aus Meißen. Am 16. Juni 1990 weihte Oberbürgermeister Karl-Otto Stetter das Glockenspiel zum Beginn der Festwoche des 750. Stadtjubiläums nach seiner Eröffnungsansprache ein.

Am Areal des Arbeitsamtes In der Hoffnung gab es früher ein kleines Haus – die „Herberge zur Heimat". Im Obergeschoss an der Vorderseite des Gebäudes stand dieser fröhliche Wandersmann auf einem Sockel. Als die Herberge abgerissen wurde, stellte man den Wandersmann nach Fertigstellung des Arbeitsamtes für kurze Zeit in dessen Eingang auf.

Im Januar 1993 wurde das alte Betonbecken im Glauchauer Sommerbad mit schwerer Technik abgebrochen. Danach montierte ein österreichisches Unternehmen das neue Edelstahlbecken. Außerdem baute man eine hochmoderne Wasseraufbereitungsanlage ein. Im Juni 1993 konnte das Bad wieder eröffnet werden.

Der Stausee wurde zur Säuberung entwässert. Am 14. Oktober 1993 begann man mit den Sanierungsarbeiten des Stauseedammes.

Der Boden des Stausees war bereinigt, die Sanierung des Stauseedammes beendet. Jetzt konnte der Ruf „Wasser marsch" gegeben werden, um den Stausee wieder zu befüllen.

Im November 1990 eröffnete der Bürgermeister den fabi-Markt auf der Hammerwiese. Die Bürger nutzten zunächst gerne das vielseitige und preisgünstige Angebot. Als dann jedoch weitere Einkaufsmärkte entstanden waren, wurde der fabi-Markt im Oktober 1993 geschlossen.

Das historische Rathaus inklusive des Rathausturmes sollte saniert werden. Am 6. März 1997 musste man dazu die drei Tonnen schwere Turmlaterne herunterheben.

Nachdem die Turmlaterne auf dem Marktplatz stand, galt es, zuerst die Glocken und die Turm-kugel der Laterne zu entnehmen.

Im März 1997 wurde die Laterne verladen und der Sanierung zugeführt.

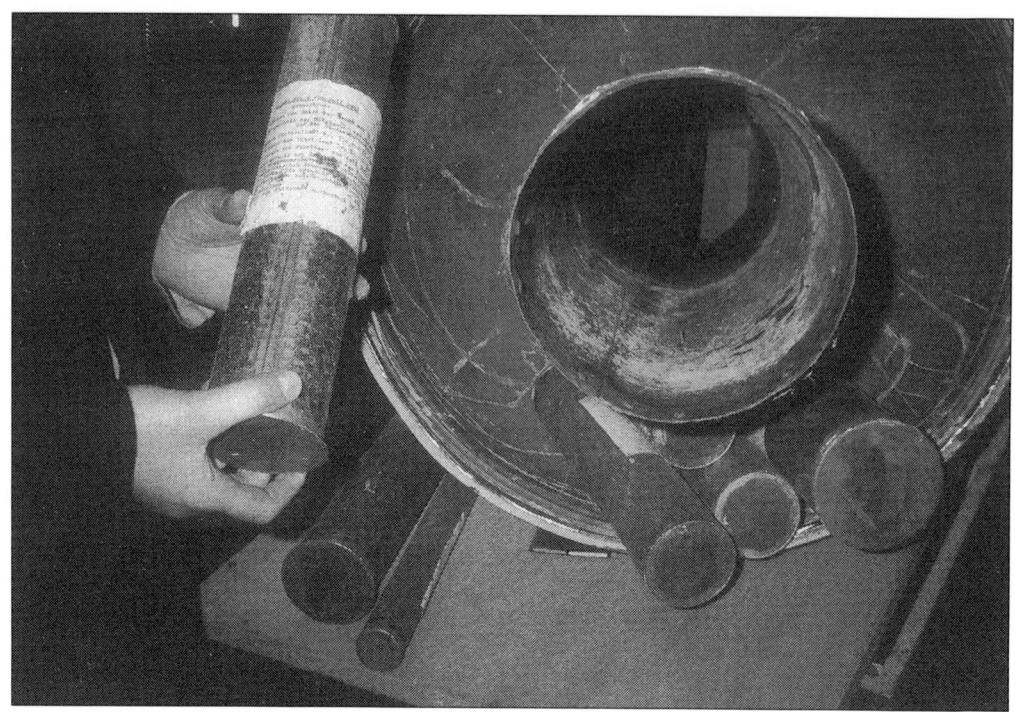

Die Turmkugel wurde geöffnet, damit Oberbürgermeister Karl-Otto Stetter den Inhalt der Kugel, die acht Dokumentenkapseln, entnehmen konnte.

In einer der Kapseln befand sich dieses Werbeplakat aus dem Jahre 1879.

Oberbürgermeister Karl-Otto Stetter beim Einfüllen der Dokumente, Tageszeitungen, Urkunden und Geldnoten in die Dokumentenkapseln für die neue Turmkugel.

Bevor die renovierte Turmlaterne wieder ihren Platz auf dem Rathausturm erhalten konnte, galt es, die neuen Kapseln in die Turmkugel einzufüllen. Der 1. Bürgermeister Helmut Trommer ist gerade im Begriff, das Buch „Glauchau in alten Ansichten" in die Goldene Kugel einzulegen.

Viele Glauchauer beobachteten am 26. Februar 1998 auf dem Marktplatz, wie die sanierte Turmlaterne des historischen Rathauses wieder nach oben gehievt und auf den Turm des Rathauses aufgesetzt wurde.

Am 31. Januar 2002 schwebte die 30 Zentner schwere Glocke der St. Georgenkirche zwischen Himmel und Erde. Die Niederlungwitzer Firma Müller holte diese und die kleinere Glocke zur Sanierung aus dem 23 Meter hohen Glockengestühl. Beide sind denkmalgeschützt und wurden 1713 vom Glauchauer Glockengießer Johann Christian Bachmann im alten Kornhaus in Halle gegossen.

Am 27. November 2002 brachten die Firma Metzeroth und Rudolf Meinhardt die sanierten sowie die zwei neuen Glocken aus Bad Friedrichshall nach Glauchau. Am Morgen des folgenden Tages weihte Superintendent Peter Heß die vier Glocken im Beisein des Posaunenchores und vieler Glauchauer Bürger.

Zuerst transportierte man die beiden sanierten Bronze-Glocken nach oben ins Glockengestühl. Sie waren in Nordlingen saniert und anschließend nach Bad Friedrichshall gebracht worden, damit Rudolf Meinhardt mit dem Friedrichshaller Fachmann der Glockengießerei Bachert überprüfen konnte, ob die neuen und die alten sanierten Glocken harmonisch zueinander passen. Es folgte der Transport der beiden neuen Bronzeglocken nach oben.

Im Mai 2009 sollte der Glockenwechsel der Kirche St. Marien stattfinden. Am 8. Mai 2009 hatte die Glockengießerei Perner aus Passau die am 20. März 2009 gegossenen Bronzeglocken nach Glauchau gebracht. Zuvor hatte jedoch ein Autokran die alten, abgenutzten Stahlgussglocken auf die Erde gehoben. Der Glockenwechsel konnte nun beginnen.

Am 8. Mai 2009 weihte Bischof Joachim Reinelt die neuen Glocken – die Marienglocke, die Herz-Jesu-Glocke, die St.-Benno-Glocke und die Heilig-Geist-Glocke – feierlich. Nach der Weihe hob ein Autokran die Glocken einzeln auf den Kirchturm.

8

Politische Wende 1989 – wirtschaftliche Wende für die Betriebe

Die drei Westzonen gründeten am 7. September 1949 die Bundesrepublik Deutschland. Daraufhin fand am 7. Oktober 1949 in der Ostzone die Gründung der Deutschen Demokratischen Republik statt. In der Ostzone wurden Fabriken demontiert und das zweite Bahngleis abgebaut. Durch den Volksentscheid in Sachsen vom 30. Juni 1946 waren Betriebe enteignet worden. Die Arbeiter in der DDR waren vorerst bereit, den Aufbau selbst in die Hand zu nehmen. Schritt für Schritt verbesserte sich der Maschinenpark in den Betrieben. Den Bürgern gefiel allerdings die Reglementierung nicht und es fehlte die Freiheit, z. B. die Reisefreiheit. Dadurch wuchs die Unzufriedenheit, die Bürger gingen auf die Straße und demonstrierten. 1989 trat die Regierung der DDR zurück. Diese politische Wende führte in den Volkseigenen Betrieben zur Auflösung der Produktionsverträge.

In diesem Haus an der Augustusstraße (heute Agricolastraße) befand sich die Mechanische Weberei von H.E. Meyer & Sohn, die enteignet und verstaatlicht worden war. Nach der Wende baute man das Haus innerhalb von acht Monaten in das „Hotel Meyer" und das Restaurant „Agricola" um.

Der frühere VEB Quintett-Moden in der Friedrich-Engels-Straße (heute Schönburgstraße) stellte Damenbekleidung her. Im Februar 1997 wurde das Gebäude abgerissen.

Nach dem Abriss des Betriebsgebäudes des VEB Quintett-Moden wurde auf dem Areal ein Netto-Markt errichtet.

Die ehemalige Produktionshalle des Fahrzeuggetriebewerkes in der Wilhelmstraße war nach 1990 eine von zahlreichen Industriebrachen in Glauchau.

Um den Abriss dieser Produktionshalle zu verhindern, wandelte der Investor Friedhelm Bosel die Werkhalle in einen Spielepark um. Am 12. August 2006 eröffnete Bosel den Fun-Park mit vielen Attraktionen. Kinder nutzen das Angebot gerne.

1874/75 hatte die Firma Kratz & Burk eine Mechanische Weberei bauen lassen. Nach Kriegsende wurde das Werk in Treuhandverwaltung übernommen und am 30. Juni 1946 ging es in Volkseigentum über. Ab 1. Juli 1948 erhielt es den Namen VEB Glauchauer Damenstoffweberei und am 1. Januar 1953 wurde es dem Großbetrieb VEB Textilwerke Einheit angeschlossen. Nach dem Zusammenschluss zum VEB Textilwerke Palla nutzte man das Gebäude als Versandhaus.

Im Januar des Jahres 2001 bewarb sich der bayerische Unternehmer Peter Simmel um das leer stehende Gebäude des ehemaligen Versandhauses des VEB Textilwerke Palla in der Glauchauer Rudolf-Breitscheid-Straße. Er wollte ein Einkaufszentrum einrichten. Nach einigen Aus- und Absprachen mit den Stadträten, dem Technischen und dem Umweltausschuss sowie mit den Innenstadthändlern (GIG) konnte die Simmel-Filiale in der Baracke vor der Hermannstraße geschlossen und am 19. Oktober 1995 das neue Simmel-Einkaufs-Zentrum eröffnet werden.

In dem Viertel zwischen Karlsstraße, Dorotheenstraße und Wilhelmstraße befand sich seit 1845 der Appreturbetrieb der Firma Huschke Nachf. Nach dem Krieg übernahm H. Vogel die Firma und in den 1970er-Jahren wurde sie an den Großbetrieb Textilwerke Palla angeschlossen. Nach der Wende wurde das Gebäude zur Industriebrache, 2007 riss man es schließlich ab.

In diesem Gebäude etablierte Ernst Boessneck 1858 eine Weberei für Woll- und Seidengewebe. 1921 übernahm die Firma Lenk & Rüger die Weberei, ab Juli 1951 wurde sie zum VEB Buntweberei Falter und ab Januar 1953 gehörte sie als Werk II zum Großbetrieb Textilwerke Einheit. Seit 1990 produzieren die Düsenwebmaschinen nicht mehr – mit einem baldigen Abriss ist zu rechnen.

An der Scherbergstraße 8 (heute Otto-Schimmel-Straße) wurde im Juni 1928 das Geschäftshaus der Firma Ernst Seifert eingeweiht, nachdem der 5.000 Quadratmeter große Websaal schon 1922/23 als Schedbau auf dem Areal stand. Nach dem Krieg führte man die Firma mit dem Nachbarwerk Boessneck & Meier als Treuhandbetrieb weiter, am 1. Januar bildete man den Großbetrieb VEB Textilwerke Einheit und ab 1. April 1970 den VEB Textilwerke Palla. Im Herbst 2007 wurde der Shedbau abgerissen.

1847 wurde die Firma Tasch in der Egghalde gegründet, 1861 übernahmen Tasch's Nachf. den Betrieb. Laut handelsgerichtlicher Eintragung führte die Firma Hans Franz den Betrieb ab 1923 weiter, der 1953 dem Großbetrieb VEB Textilwerke Einheit als Webereibetrieb angeschlossen wurde. Nach 1974 richtete man die Strickerei mit 71 Strickmaschinen ein. Bis 1990 wurden im Drei-Schicht-Rhythmus täglich 33.000 Meter Gestricke hergestellt. Die letzte Schicht fuhr man 1990. Das leere Gebäude wurde dem Zerfall überlassen und im Jahr 2009/10 abgerissen.

9

Schritt für Schritt für ein attraktiveres Glauchau

Auf einem Kartengruß stand folgender Ausspruch: „Das Morgen kann nur blühen, wenn es im Gestern wurzelt und im Heute wächst." Blicken wir zurück ins Gestern: Am Ende des 19. Jahrhunderts kam die Zeit der Industrialisierung. Ihr folgte die Zeit des Fortschritts, der Technik, des Fernsehens und der Computertechnik. Diese Entwicklungen zeigen sich auch als Spiegelbild im innerstädtischen Leben. Recherchieren wir in den Unterlagen im Archiv, so können wir in den Veröffentlichungen der Stadtverordnetensitzungen der „Glauchauer Zeitung" unter allen Aufgaben immer wieder die Notwendigkeit erkennen, städtische Baumaßnahmen in den Plan aufzunehmen. Ich erlaube mir einige Beispiele anzusprechen, so z. B. die Bebauung und Ausgestaltung des Hirschgrundgeländes in der Sitzung der Stadtverordneten am 10. September 1924. In der Sitzung am 3. Dezember 1925 stand das Wohnungsprogramm im Mittelpunkt, am 1. November 1928 ging es u. a. um die Verbreiterung der Quergasse. So zeigen sich die Straßenbaumaßnahmen über die nachfolgenden Jahre bis in die Gegenwart.

Im Dezember 1996 wurde nach Abschluss des Neubaus an der Ecke Leipziger Straße und Quergasse mit der Eröffnung der Commerzbank das sogenannte Bankenviertel komplettiert.

Im April 1997 begann man mit der Umgestaltung der Leipziger Straße in eine Fußgängerzone.

Im Mai 1997 waren die Leitungen für Gas, Strom und Wasser verlegt worden. Das Pflastern der Leipziger Straße stand nun als Nächstes an.

Nach sechs Monaten Bauzeit wurde am 25. Oktober 1997 die Fußgängerzone Leipziger Straße eingeweiht und zum Flanieren und Einkaufen für die Bürger freigegeben.

Die Fußgängerzone wurde von den Bürgern der Stadt sofort gut angenommen. Um sich vom Schaufensterbummel zu erholen, konnte man sich auf einer der Sitzgelegenheiten ausruhen, um ein Eis oder eine Thüringer Rostbratwurst zu essen.

Ab November 1992 wurden die Gebäude an der Ecke Markstraße und Markplatz abgerissen, der Neubau begann am 16. Juli 1993. Auf dem Foto ist der Bau schon deutlich fortgeschritten.

Am 24. Februar 1995 wurde der neue Ratshof mit einem großen Fest eingeweiht. Das Atrium entwickelte sich seither zu einem Begegnungszentrum für Familien und Freunde und zu einem gesellschaftlichen Veranstaltungsort der Stadt.

Im Oktober 2000 rückten die Bagger an, es wurde mit der grundlegenden Erneuerung der Schlossstraße begonnen.

Im Frühjahr 2001 konnte die Schlossstraße als Einbahnstraße wieder für den Verkehr freigegeben werden. Es ist eine schmucke Straße geworden.

Die Bauarbeiter in der Erich-Fraaß-Straße forcierten die Arbeit beim Neubau des Feuerwehr-Depots im Jahre 2001.

Das neue Depot der Freiwilligen Feuerwehr an der Erich-Fraaß-Straße wurde am 15. Dezember 2001 seiner Bestimmung übergeben. Am folgenden Tag war „Tag der offenen Tür", man feierte zusammen mit den Glauchauer Bürgern.

In Glauchau sprudelt wieder ein Marktbrunnen. Dieser ist eine Spende des Glauchauer Ehren-
bürgers Hans Lorenz und seiner Frau Gretel Lorenz aus Aachen.

Gretel und Hans Lorenz waren am 27. Juli
2001 in die Stadt ihrer Kindheit und
Jugend gekommen, um an der Einweihung
des Brunnens teilzunehmen. In seiner
Ansprache zur Übergabe des Wasserspiels
an seine Heimatstadt wies Hans Lorenz
daraufhin, dass es ein Denkmal für die
Glauchauer Textilindustrie sei.

Am 13. Mai 2002 begann man mit Erneuerungsarbeiten in der Brüderstraße. Zunächst wurden die Trinkwasserleitungen ausgewechselt. Anschließend sanierte man die Straße.

Am 23. August 2003 war es soweit – die Sanierung der Brüderstraße war geschafft. Sie konnte für den Verkehr freigegeben werden.

Der Verkehr am Leipziger Platz als wichtiger Verkehrsknotenpunkt der Unterstadt führte besonders in Spitzenzeiten zu Rückstaus. 1999 beschloss die Stadtverwaltung daher, das Problem mit Hilfe eines Kreisverkehrs zu lösen. Am 7. Juli 2003 begann man mit den entsprechenden Arbeiten.

Seit dem 28. Mai 2004 kann der Verkehr auf dem Leipziger Platz dank des Kreisverkehrs wieder flüssig laufen. Oberbürgermeister Karl-Otto Stetter kam mit einer BMW (Motorrad) zur feierlichen Eröffnung. Er wies darauf hin, dass der Umbau den Lärm reduziere und ein zügiger Verkehrsfluss sowie die Verschönerung des Stadtbildes garantiert seien.

Vom 25. August 2003 an war die Staatsstraße 252 im Ortsteil Niederlungwitz gesperrt. Das Straßen-
bauamt ließ die Brücken über den Lungwitzbach und den Mühlgraben abreißen und neu errichten.

Das Bauunternehmen Müller H. GmbH, Niederlungwitz, hatte den soliden Bau fertiggestellt, und
am 26. Mai 2004 wurde die Staatsstraße 252 für den Verkehr wieder freigegeben.

Im August 2004 begann man mit dem Ausbau der Nicolaistraße.

Am 29. November 2004 war die Sanierung der Nicolaistraße beendet, sodass sie wieder für den öffentlichen Verkehr freigegeben werden konnte.

Am 14. Oktober 2006 übergaben Landrat Dr. Christoph Scheurer und Oberbürgermeister Karl-Otto Stetter die Albertsthaler Straße der Öffentlichkeit. Zuvor hatten sie noch gemeinsam den Fußweg gesäubert.

Die Albertsthaler Straße wurde im Rahmen der Hochwasserschadensbeseitigung gebaut. Der Baubeginn war im Juli 2005.

Im Jahr 2008 war die Sanierung des Glauchauer Marktes vorgesehen. Am 19. Februar erfolgte im Beisein der Baumfirmen, des Planungsbüros und des Oberbürgermeisters der offizielle Beginn der Bauarbeiten. Im Foto sind die Baufirmen schon voll am Werke.

Vorerst galt es, die Wasserzu- und -ableitungen sowie die Gas- und Elektroleitungen zu erneuern.

Am 17. Oktober 2008 wurde der Marktplatz feierlich übergeben. Nach der Dankesrede des Oberbürgermeisters Dr. Peter Dresler sowie den Worten des Projektplaners und des Bauleiters wurden die letzten drei Steine eingesetzt. Die Gräflich-Schönburgische Schlosscompagnie e.V. unterstützte dies mit einem Trommelwirbel. Viele Bürger ließen sich dieses Ereignis nicht entgehen.

Der neu gestaltete Marktplatz mit der vor dem Ratshof neu angelegten Verweil- und Kommunikationsfläche.

Gleichlaufend mit den Bauarbeiten auf dem Marktplatz wurde auch die Marktstraße grundlegend erneuert.

Im September 2008 verbesserte sich die Verkehrssituation im Zentrum, denn die Marktstraße konnte wieder befahren werden.

Im Herbst 2008 galt es abschließend, die Verbindung zwischen Markt und Schlossplatz, die Dr.-Dörffel-Straße, zu sanieren.

Auch diese Verbindungsstraße war im November 2009 erneuert. Nur noch einige Aufräumarbeiten waren notwendig, damit sie gemeinsam mit dem Schlossplatz wieder für den Verkehr freigegeben werden konnte.

Im April 2009 begann man mit der Sanierung des Schlossplatzes und der Verbindungsstraße zum Kirchplatz. Dieses Vorhaben wurde mit Fördermitteln aus dem Bund-Länder-Programm „Städtebauliche Erneuerung" unterstützt.

Am 1. Dezember 2009 war das Vorhaben „grundhafte Erneuerung des Schlossplatzes" geschafft. Oberbürgermeister Dr. Peter Dresler (rechts) und die Vertreter der Baubetriebe konnten den Schlossplatz gemeinsam für den Verkehr freigeben.

Am 4. Oktober 2008 wurde auf der Insel im Gründelteich das historische Denkmal, die restaurierte Hedrich-Säule mit der in Gold glänzenden Viktoria, erneut eingeweiht und damit das Andenken an Heinrich Carl Hedrich wieder ins Gedächtnis zurückgerufen.

Die Lindenstraße im Wehrdigt wurde in zwei Bauabschnitten grundlegend saniert. Dabei legte man Parkplätze an und pflanzte Bäume. Am 1. September 2008 begann man mit dem Bau und am 11. Dezember 2009 war das Bauvorhaben gemeistert – die Lindenstraße konnte für den Verkehr freigegeben werden.

10

Glauchauer Persönlichkeiten

Es ist ein schöner Brauch in unserer Stadt, dass zum Neujahrsempfang des Oberbürgermeisters verdiente Bürger Glauchaus durch die Verleihung der Ehrennadel der Großen Kreisstadt geehrt werden. Damit wird ihr Engagement in der Feuerwehr, in einem Verein, im Sport oder in der Gemeindevertretung anerkannt. Sie sind Vorbilder, besonders für die jüngeren Generationen, die Jahr für Jahr die schulische Ausbildung an den Oberschulen, am Agricola-Gymnasium, an der Studienakademie Glauchau oder an den Fachschulen beenden. Nicht alle bleiben in Glauchau, einige bewerben sich in anderen Städten und Ländern, andere werden sich an Universitäten weiterbilden und sind vielleicht neue Hoffnungsträger für ihre Heimatregion. Wir hoffen, dass sie sich an die Große Kreisstadt erinnern und, für den Fall, dass sie sich anderswo niederlassen, auch Glauchau wieder mal einen Besuch abstatten.

Ein Treffen der Kunstmaler aus Glauchau, Meerane und Hohenstein-Ernstthal mit ihren Frauen. Im Mittelpunkt Hermann Gebhard (sitzend, Vierter von links), der „Humorist am Zeichenbrett", sowie seine Glauchauer Kollegen Gottfried Püschel (sitzend, rechts neben ihm), Herr Lindig (sitzend, Erster von links), Herbert Keller (stehend, Zweiter von links) sowie Kunstmaler Windig (letzte Reihe links).

Im November 2009 verabschiedete sich Volker Krüger nach 39-jährigem Engagement von seiner Wirkungsstätte, dem Glauchauer Stadttheater. Im Jahr 1971 war er zum Direktor des Hauses berufen worden. Der gebürtige Glauchauer, Jahrgang 1944, wollte Bühnenbildner werden. Als Fernstudent belegte er in Meißen und Berlin die Fächer Kulturwissenschaften, Regie und Dramaturgie. Als Direktor des Glauchauer Stadttheaters verpflichtete er Künstler aus über 70 Ländern nach Glauchau. Dem Theatergebäude gab er die faszinierende Art-Deco-Optik zurück. Trotz lukrativer Angebote zur Leitung anderer Häuser ist er in Glauchau geblieben. Das Stadttheater avancierte unter seiner Leitung weit über die Region hinaus zum Anziehungspunkt hochkarätiger Kunst und Kultur.

Diplom-Ethnograph Steffen Winkler erblickte 1952 in Chemnitz das Licht der Welt. Er studierte in Leipzig Museologie und an der Humboldt-Universität Berlin deutsche Geschichte und Volkskunde. Seit 1978 war er stellvertretender Direktor und seit 1993 Direktor des Museums und der Kunstsammlung Schloss Hinterglauchau. Während seiner Amtszeit begann die Gestaltung des „Themenparks Schloss" u.a. mit der Sanierung der Kapelle St. Marien, der Remise und der Hofküche. Außerdem bemüht sich Steffen Winkler um die Präsentation magazinierter Sammlungsbestände in kunst- und kulturhistorischen Kabinettausstellungen. Dabei kam der Graphiksammlung besondere Bedeutung zu, deren Bestand er sinnvoll zu mehren wusste. Er ist mit der im Museum eingesetzten Diplomrestauratorin Anke Winkler verheiratet.

Hellmut Fritzsche wurde am 13. November 1920 in Langenchursdorf geboren. Nach dem Besuch der Volksschule folgte eine kaufmännische Ausbildung. Von 1940 bis 1945 schlossen sich Wehrdienst und sowjetische Gefangenschaft an. Sein Berufsleben war durch seine Liebe zur Kultur beeinflusst. 1946 war er als Reiseleiter und Impresario am Glauchauer Kreistheater tätig. 1951 bis 1955 übte er die Tätigkeiten des Disponenten, Werbe- und Reiseleiters im nunmehr vereinigten Kreistheater mit Sitz in Crimmitschau aus. Ab 1956 arbeitete er als Kreissekretär im Kulturbund und ab dem Rentenalter als Kassenkraft im Museum Schloss Hinterglauchau. Er erhielt die Verdienst-Medaille der DDR sowie die Joh.-R.-Becher-Medaille. Hellmut Fritzsche starb am 1. Juli 2008 in Cottbus.

Im Jahre 1953 gab es in den Räumen des Glauchauer Museums im Schloss Hinterglauchau eine Ausstellung von Holzschnitten, Aquarellen und Zeichnungen von Richard Heinrich unter dem Motto „Bilder der heimischen Textilindustrie". Der Grafiker und Maler Richard Heinrich wurde 1893 als Kind einer Weberfamilie in Glauchau geboren. Nach der Bürgerschule besuchte er das Lehrerseminar in Waldenburg und übersiedelte 1919 nach Dresden, um an der Technischen Hochschule und an der Kunstgewerbeschule zu studieren. Sein Hauptarbeitsgebiet war dann die Buchillustration.

Die Heimat entdecken!

Von Kiel bis Wien,
von Aachen bis Görlitz:
Entdecken Sie Alltagsgeschichten
aus Ihrer Heimatstadt!

Leben in der Großstadt …

Tauchen Sie ein in das quirlige Großstadtleben vergangener Tage. Spazieren Sie über breite Boulevards und stürzen Sie sich ins Nachtleben. Erkunden Sie ihre Stadt durch die Fensterscheiben einer Straßenbahn oder des ersten Käfers und bewundern Sie prächtig geschmückte Schaufenster.

... und ländliche Idylle

Wie sah das Leben in Ihrer Heimat aus, als die Bauern noch mit Pferden pflügten und jedes Dorf seinen eigenen Schmied hatte, jeder noch jeden kannte und das Leben sich zwischen Kirche, Wirtshaus und Wohnküche abspielte?

Erinnerungen an die Schulzeit …

Erinnern Sie sich noch an die Zeiten von Abakus und Schiefertafel, an Klassenausflüge oder den ersten Taschenrechner? Blicken Sie zurück auf große Klassen und gestrenge Schulmeister, entdecken Sie auf Klassenfotos Freunde und Bekannte von früher!

... und das Arbeitsleben

Entdecken Sie, wie sich das Arbeitsleben in den letzten hundert Jahren verändert hat. Werfen Sie einen Blick in Fabrikhallen, blicken Sie Handwerksmeistern bei ihrer Arbeit über die Schulter und erinnern Sie sich an den Einkauf im Tante-Emma-Laden.

Gesellige Stunden im Verein …

Fußballclub und Schützenverein, Musikkapelle und Gesellenverein: Schauen Sie zurück auf Volksfeste und Turniere, Chorproben oder Prunksitzungen. Erinnern Sie sich an schöne Stunden und das gesellschaftliche Leben in Ihrer Heimat.

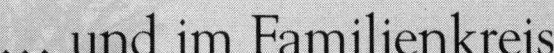

… und im Familienkreis

Werfen Sie einen Blick in die Wohnzimmer vergangener Tage und entdecken Sie, wie sich zwischen schweren Eichenmöbeln, Nierentischen und Ikea-Regalen der Alltag verändert hat. Erleben Sie Familienfeiern und Weihnachtsfeste im Wandel der Jahrzehnte mit.

www.suttonverlag.de

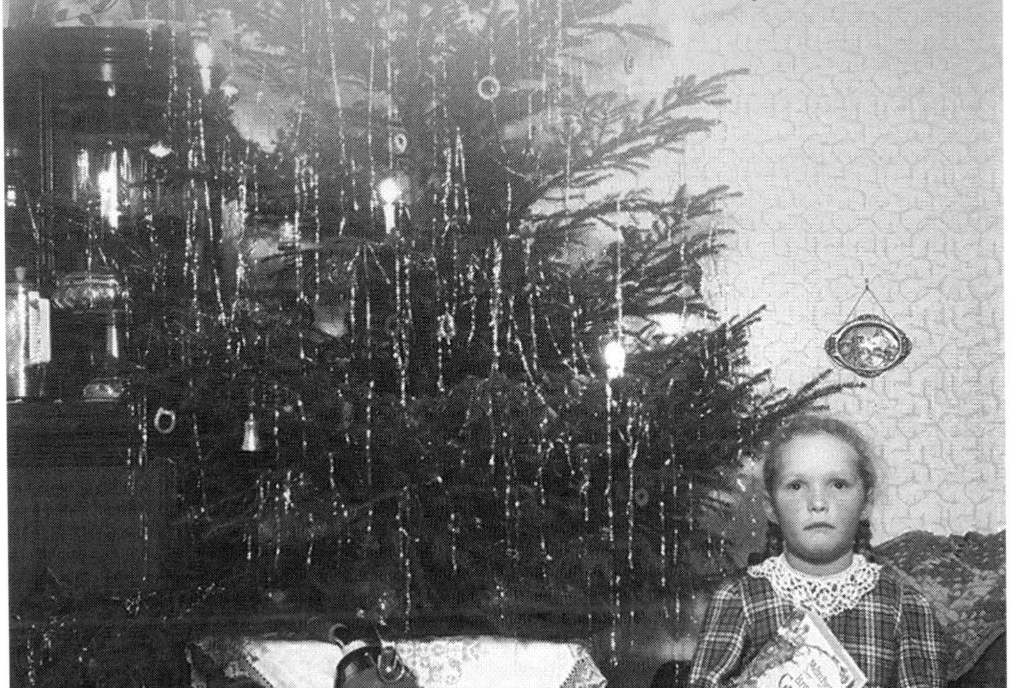

Alltagsgeschichte in historischen Fotos zu über 1000 Regionen, Städten und Gemeinden

Bestellen Sie jetzt
Ihr persönliches Exemplar auf

www.suttonverlag.de

Zeitfracht Medien GmbH
Ferdinand-Jühlke-Straße 7
99095 Erfurt, Deutschland
produktsicherheit@kolibri360.de

Druck:
CPI Druckdienstleistungen GmbH
im Auftrag der
Zeitfracht Medien GmbH
Ein Unternehmen der Zeitfracht - Gruppe
Ferdinand-Jühlke-Str. 7
99095 Erfurt